버터
크림
바이블

버터
크림
바이블

초판 인쇄일 2016년 8월 5일
초판 발행일 2016년 8월 12일

지은이 Valeri Valeriano & Christina Ong
옮긴이 정정윤
발행인 박정모
등록번호 제9-295호
발행처 도서출판 혜지원
주소 (10881) 경기도 파주시 회동길 445-4(문발동 638) 302호
전화 031)955-9221~5   **팩스** 031)955-9220
홈페이지 www.hyejiwon.co.kr   **블로그** blog.naver.com/hyejiwon9221
페이스북 www.facebook.com/hyejiwon9221

기획 · 진행 박혜지
디자인 김보라
영업마케팅 김남권, 황대일, 서지영
ISBN 978-89-8379-902-9
정가 19,000원

Original English Title : THE CONTEMPORARY BUTTERCREAM BIBLE
Copyright © Valeri Valeriano & Christina Ong, David & Charles, 2014
an imprint of F&W Media International, LTD. Brunel House, Newton
Abbot, Devon, TQ12 4PU

Korean language edition © 2016 by HYEJIWON
Korean translation rights arranged with F&W Media International through EntersKorea
Co., Ltd., Seoul, Korea.

이 책의 한국어판 저작권은 (주)엔터스코리아를 통한 저작권사와의 독점 계약으로 도서출판 혜지원이 소유합니다.
저작권법에 의하여 한국 내에서 보호를 받는 저작물이므로 무단전재와 무단복제를 금합니다.

이 도서의 국립중앙도서관 출판예정도서목록(CIP)은 서지정보유통지원시스템 홈페이지(http://seoji.nl.go.kr)와
국가자료공동목록시스템(http://www.nl.go.kr/kolisnet)에서 이용하실 수 있습니다.(CIP제어번호: CIP2016016294)

버터크림 아이싱 기술을 이용한
케이크 데코레이션 실습 완벽 가이드!

버터
크림
바이블
Buttercream Bible

Contents

Introduction 8

1
버터크림 베이직

버터크림 만들기 14
도구 20
파이핑 깍지 22
버터크림에 색 섞기 24
짤주머니에 채우기 26
케이크 디자인 영감 27
커버링 케이크 28
커버링 보드(케이크 받침대) 33
다월꽂기 35
컵케이크 37

2
파이핑 텍스처와 패턴

러플 장식 44
바구니 짜기 51
E-스크롤과 C-스크롤 56
별 깍지 짜기 59
도트 61
나뭇잎 63
쉘 파이핑과 플뢰르-드-리스 66
스크롤, 라인과 지그재그 69

3
꽃 파이핑하기

해바라기와 잎 74
동백꽃과 수국 78
카네이션과 스위트피 83
라일락과 데이지 87
국화와 수선화 91
장미와 장미 봉오리 95
케이크에 파이핑 꽃 장식하기 100
컵케이크 부케 103
큐피 케이크 108

4
팔레트 나이프 테크닉

팔레트 나이프와 붓 터치 기술 112
블렌딩 114
그라데이션 블렌딩과 꽃 그리기 116
마블링 120

5
디자인 옮기기, 스탬프와 스텐실

버터크림을 얼려
편평한 표면에 디자인 옮기기 **124**

버터크림을 얼려
곡선 표면에 디자인 옮기기 **128**

문제점 해결하기 **132**

스텐실 **134**

스폰지와 스탬프 **136**

6
텍스타일 효과

브러쉬 자수 패턴 **140**

레이스 **143**

크로셰 - 뜨개질 모양 **149**

7
글씨 쓰기

직접 파이핑하기 **156**

글씨를 그린 후 짜기 **158**

디자인을 옮겨 짜기 **159**

엠보싱 또는 스텐실하기 **160**

독창적인 글쓰기 **161**

8
버터크림 이외의 장식

장식할 재료의 선택 **166**

식용 종이 **168**

스프링클 **171**

사탕 **174**

시리얼 **177**

템플릿 **180**

Acknowledgments **182**
About The Authors **183**
Photo Index **184**
Sugarflair사와 Wilton사의 색상변환표 **189**
Index **190**

Introduction

이 책은 버터크림을 이용하여 현대적인 느낌의 데코레이션을 완성하는 책입니다. 원저자인 우리는 이 책을 통해 데코레이션 기술, 팁, 아이디어를 공유할 수 있게 되어 기쁘게 생각합니다. 우리는 이 세상에 버터크림과 같이 놀라운 재료는 더 이상 없다고 생각합니다. 창의적인 아이디어만 있다면 원하는 것을 무엇이든 만들 수 있고 더 나아가 훌륭한 맛을 가지고 있기 때문입니다. 버터크림이야말로 너무나 완벽한 재료가 아닐 수 없습니다!

우리는 여러 번의 시행착오를 통해 훌륭한 결과물은 충분한 연습이 있어야만 얻을 수 있다는 것을 알게 되었습니다. 이 책을 보다보면 버터크림을 사용하여 이렇게 놀랍고 섬세한 디자인을 직접 만들 수 있다는 것에 깜짝 놀랄 것입니다.

처음부터 어렵다고만 생각하지 말고 몇 가지 기술들을 먼저 시도해 보세요. 많은 도구도 필요 없습니다. 저희도 별다른 도구 없이 시작하였습니다. 뛰어난 예술가가 아니더라도 상관없습니다. 우리도 버터크림 작업을 하면서 전에는 미처 알지 못한 예술적인 감각들을 발견하게 되었답니다. 필요한 것은 모험심과 주변에 있는 사물로부터 영감을 얻고자 하는 의지뿐입니다.

이제 곧 여러분은 짤주머니로 컵케이크를 장식하고 아름다운 디자인의 케이크를 만들고 있을 것입니다. 한 가지만 기억하세요. 지금 이 책을 쓰고 있는 저희도 불과 얼마 전까지 새로운 도전을 시작하고자 하는 지금의 여러분과 같은 모습이었답니다.

작은 출발

우리는 'Queen of Hearts Couture Cakes'의 이야기를 여러분과 함께 공유할 수 있어 기쁩니다. 버터크림 하나로 이런 자리까지 오게 될 줄 상상도 못했는데, 버터크림이 우리의 인생에 많은 변화를 주었습니다.

가족과 친구들과 멀리 떨어져서 타지에서 일하고 살아가는 것은 정말이지 힘든 일입니다. 가족들은 필리핀에 있지만 우리를 가족처럼 대해준 영국의 친구들을 만난 것은 행운이었습니다. 그래서 2011년 어머니의 날을 기념하기 위해 우리에게는 친엄마 같은 분을 위해 카드나 꽃 선물 말고 좀 더 특별한 선물을 드리기 위해 케이크를 굽기로 했습니다. 아이디어를 위해 인터넷을 검색해서 (그 당시에는 가지고 있는 요리책이 없었습니다.) 음식을 담는 비닐 백을 이용하여 해바라기로 장식을 만드는 컵케이크 레시피를 찾아냈습니다. 그 후 장미, 카멜리아, 국화를 만드는 영상을 인터넷으로 찾아 컵케이크를 모두 장식하게 되었습니다! 이후 장식을 해서 예쁘게 만드는 컵케이크 데코레이션과 사랑에 빠지게 되었고, 아직까지도 처음 컵케이크를 만들었을 때의 감동을 잊지 않고 있습니다.

그때는 베이킹 도구들이 전혀 없어서 컵케이크를 만들기로 한 바로 다음날, 슈퍼마켓에 가서 필요한 재료를 사고 할인마트에 가서 실리콘으로 된 컵케이크 팬과 스패출러, 가장 저렴한 핸드믹서를 샀습니다. 오예! 드디어 모든 것이 준비되었고, 저희는 일분일초도 낭비할 수 없었습니다. 얼마 지나지 않아 우리는 방에 커다란 오븐을 놓을 자리가 없어서 5리터의 작은 전기 오븐을 냉장고 위에 올려 놓고 사용하였습니다. 우리의 작은 집은 주방 뿐 아니라 집 전체가 컵케이크 향기로 가득 차게 되었습니다. 말도 안 되는 상황이었지만 참으로 즐거운 시간이었습니다.

그래서 드디어 생애 첫 번째로 황금색의 볼록한 6개의 컵케이크가 완성되었습니다. 짤주머니를 사용하여 영상을 보며 하나씩 데코레이션을 따라하기 시작해서 짜잔~! 드디어 첫 번째 해바라기 장식의 컵케이크가 완성되었습니다. 그리고 나서 장미를 만들려고 시도했지만 그냥 평범한 꽃이 되어 버리기도 했습니다.

드디어 어머니의 날! 우리가 직접 만든 선물은 친구들을 깜짝 놀라게 했습니다. 비록 몇몇 컵케이크는 유산지가 떨어지긴 했지만 모두 우리의 선물을 좋아했습니다. 친구들 중 한 명인 아이다(Aida)는 우리의 실력을 향상시키고 사업적으로 성공시킬 수 있도록 우리를 설득했던 사람입니다. 우리가 만든 터무니없는 부케를 보며 우리의 잠재력을 보았던 친구였습니다.

그 후 연습을 계속하며 더욱 이 분야에 빠져들게 되었고, 결국 케이크 데코레이션 일을 너무 사랑하게 되었습니다. 이것이 우리의 시작입니다.

사업으로 성공 시키기

우리는 페이스북과 웹 사이트를 통해 우리가 한 작업들을 올리며 하나씩 토대를 쌓아가고 있었습니다. 하지만 우리 같은 초보자들에게 주문을 하는 사람은 아무도 없었습니다. 그러다가 지역의 학교에서 3일 동안 열리는 여름 바자회에 함께 하자는 러브콜을 받게 되었습니다. 저희는 주저 없이 제의를 받아들였습니다. 그때도 우리는 가지고 있던 5리터의 작은 전기 오븐을 사용하였답니다. 지금도 기억하는 것은 첫 번째 바자회를 위해 잠 한숨 못 자고 준비했던 시간입니다. 노력의 대가로 모든 사람들에게 칭찬을 받게 되어 정말 기뻤습니다. 그때 한 여성 분이 우리에게 와서 큰 지역 행사에 관심이 있는지 물어보았고 우리는 당연히 승낙했습니다.

우리는 다른 이벤트에 계속해서 참여하며 점점 더 큰 장소로 이사하게 되었고, 이에 사업도 점점 번창하게 되었습니다. 뿐만 아니라 컵케이크에서 좀더 큰 케이크로, 그리고 더 나아가 웨딩 케이크까지 범위를 넓혀 갔습니다. 그 후로 우리는 멈추지 않고 계속 앞을 향해 나아갔습니다.

우리는 지금까지도 시간이 있을 때마다 계속해서 연습을 하고 있습니다. 작은 지역 바자회에서 시작하여 이제는 만드는 방법을 가르치기 위해 큰 전시회의 초대도 받고 있습니다. 또한 잡지나 블로그에서 의뢰를 받아 촬영을 협찬하기도 합니다.

또한 영국에서 가장 재능있고 창의적인 요리의 선두에 있는 'Experimental Food Society'와 함께하기 위해 초대를 받았던 일은 정말이지 너무나 자랑스럽게 생각합니다. 그때의 일만 생각하면 지금도 가슴이 벅차오릅니다.

영감과 혁신

사람들은 케이크 데코레이션을 하는 데 필요한 영감을 어

디서 얻냐고 종종 질문하기도 합니다. 답은 단순합니다. 어떠한 것이든 간에 우리는 아름다운 것들로부터 영감을 받습니다. 예를 들면 일반적인 천에서부터 그림, 드레스, 사진 등 무엇이든 눈길을 사로잡을 수 있는 것에서 얻습니다. 사람들의 눈을 사로잡을 수 있는 것들이라면 그것이 무엇이든지 노력과 열정이 있다면 먹을 수 있는 아름다운 형태의 예술로 변화시킬 수 있습니다. 제가 여러분과 함께 공유하고 싶은 것은 단 한가지 '혁신'입니다. 이미 많은 사람이 하고 있는 것들에 안주하지 말고 상상력을 동원해서 계속 연습하고 색 다른 방법과 기술들을 찾아내기를 바랍니다.

그리고 이런 것들이 앞으로 여러분이 케이크를 만드는 데 많은 도움이 되었으면 합니다. 우리와 함께 올드한 디자인으로 여겨졌던 '버터크림 예술'을 현대적인 감각으로 재탄생 시키는 일에 함께하면 좋겠습니다. 이제 막 케이크 사업을 시작하는 사람들 뿐 아니라 집에서 간단히 케이크를 만드는 사람들에게도 영감을 주고 싶습니다. 케이크를 만들면서 인내심에 한계가 오고 짜증이 날 때면 5리터짜리 오븐으로 시작하여 이 책을 만들어 낸 우리를 떠올리시길 바랍니다. 항상 모든 일에 마음과 정성을 쏟아붓는다면 모든 것을 해결해 낼 수 있다는 것을 생각하세요!

발레리와 크리스티나

Valeri
Christina

1
butter
cream
basic

버터크림
베이직

버터크림의 기본을 배우고 익히는 일은 정말 중요합니다. 버터크림은 기본적인 레시피와 테크닉, 도구를 계속 반복해서 사용하고 응용하기 때문입니다. 버터크림의 원리를 이해하고 나면 앞으로 하게 될 다양한 테크닉으로 최상의 결과를 얻는 데 도움이 될 것입니다.

버터크림 만들기

Making Buttercream

이 책에서 가장 중요한 부분이 바로 이 버터크림 만들기입니다.
버터크림은 케이크를 제작할 때 가장 중요한 요소이기 때문입니다.
버터크림은 굉장히 섬세하고 예민한 재료이기 때문에 크림의 특징을 잘 알아 두어야 합니다.

기본 버터크림 레시피 Basic Buttercream Recipe 1

필요한 재료와 도구...

- 227g 버터(실온 상태)
- 113g 중간 정도의 식물성 지방(쇼트닝), 실온 상태 또는 227g 부드러운 상품의 식물성 지방(쇼트닝)
- 2-3 tsp 바닐라 에센스 또는 원하는 첨가 맛
- 1Tbsp 물 또는 우유(여름이나 더운 날씨에는 생략 가능)
- 600g 체 친 슈가파우더는 날씨에 따라 반죽 농도가 묽다면 100~150g 추가해서 넣어도 됩니다.
- 믹서(핸드믹서 또는 스탠드믹서)
- 믹싱 볼
- 스패츌러
- 체
- 계량스푼

버터크림을 만들 때 가장 먼저 기억해 두어야 할 점은 **믹싱을 너무 많이 하지 말아야 한다는 점**입니다. 크림을 너무 많이 믹싱하면 입자가 거칠어져 꽃잎을 짤 때 질감이 매끄럽지 않게 나올 수 있습니다. 손으로 크림을 믹싱해 줄 때에는 기계에 비해 재료들이 잘 섞이지 않기 때문에 모든 재료들이 잘 섞일 수 있게 해주는 것이 중요합니다. 가장 많이 혼동하는 부분이 버터크림을 가볍고 풍성하게 하기 위해서는 5~10분, 또는 그 이상을 믹싱해 주어야 한다고 생각하는데 그것은 잘못된 방법입니다. 그렇게 되면 크림 안에 많은 공기가 들어가 공기방울이 구멍을 만들기 때문에 표면이 거칠게 표현되어 장식할 때 작업을 어렵게 합니다. 버터크림을 만들 때에는 오버 믹스 하지 마세요!

식물성 지방, 쇼트닝에 관하여

쇼트닝은 콩이나 목화씨에서 나온 기름을 굳혀 만든 무색, 무미의 지방으로 페이스트리, 베이킹 또는 케이크를 장식할 때 좋은 재료로 쓰입니다. 또한 버터크림의 형태를 안정감 있게 해주기 위해 중요한 역할을 하며, 케이크를 커버한 후 표면의 크림을 단단하게 만들어 줍니다. 버터크림을 만들 때 크림이 안정적이면 농도를 되직하게 하기 위해 추가로 슈가파우더를 많이 넣지 않아도 되어 버터크림 자체가 너무 달아지지 않습니다.

쇼트닝은 여러 브랜드가 있는데 브랜드마다 농도가 다릅니다. 너무 단단한 쇼트닝은 적합하지 않으니 고르지 마세요. 그것보다는 실온에서 부드러워 잘 발라지는 농도가 좋습니다. 버터크림 레시피에서는 쇼트닝을 마가린이나 식물성 오일, 기(*역자주 : 인도에서 사용하는 정제 버터) 또는 라드로 대체할 수 없습니다. 왜냐하면 컬러나 녹는점도 다르고 어떤 쇼트닝은 매우 강한 맛을 가지고 있기 때문입니다.

tip
쇼트닝은 분말 형태의 우유 가루나 커피 크림으로 대체할 수 있습니다. 놀라셨다고요? 분말 형태의 우유 가루는 마른 재료라 버터크림을 단단하게 하지만 쇼트닝처럼 안정적이지 않습니다. 또한 너무 많이 넣으면 맛이 느끼해 질 수 있습니다. 크림을 조금 빽빽하게 해주려면 분말 형태의 우유 가루를 조금만 넣고 슈가파우더도 조금만 늘려서 같이 넣어주면 좋습니다.

A

1. First rule : 버터만 넣고 믹싱할 때에는 시간 제한 없이 원하는 만큼 많이 믹싱해 주어도 됩니다.

먼저 버터를 넣고 중간 속도로 믹싱해 줍니다. 버터가 색이 옅어지고(1~2분) 부드러워질 때까지 믹싱합니다. 어떤 상품의 버터들은 색이 좀더 짙은 노란색을 띠는데 이 때에는 2~5분 정도 시간을 늘려 색이 좀 더 옅어질 수 있게 충분히 믹싱해 줍니다 *(A)*.

tip
쇼트닝을 넣은 후에 오버 믹스를 하면 버터크림이 거칠어져서 작업하기 힘들 수 있으니 주의하기 바랍니다.

2. Second rule : 버터에 첨가물을 넣은 후에 믹싱 시간을 20–30초 또는 그 이하로 제한해야 합니다.

쇼트닝을 넣은 후 20–30초 이하로 믹싱을 해 줍니다. 덩어리가 안 생기도록 주의하며 잘 섞어 줍니다. 잘 섞여서 덩어리진 부분 없이 매끄럽게 되도록 해 주세요 *(B)*.

3. Third rule : 우유를 첨가하면 우유 자체가 유통기한이 짧기 때문에 버터크림을 만들면 보관기간이 2–3일 정도밖에 되지 않습니다. 하지만 물을 첨가하면 5–10일 정도 더 길게 보관할 수 있습니다.

바닐라 에센스나 선호하는 첨가 맛 *(C)* 그리고 물 또는 우유를 *(D)* 첨가하여 10–20초 정도 중간 속도로 믹싱해 주어 재료가 잘 섞이게 합니다.

4. 슈가파우더를 천천히 넣어 주면서 20–30초 정도 중간 속도로 재료가 잘 섞이게 믹싱해 줍니다. 믹싱하기 전에 먼저 주걱을 이용하여 재료를 반으로 접듯이 섞어주면 믹서를 사용할 때 슈가파우더가 주변에 날리지 않아 좋습니다 *(E)*. 믹싱 볼의 가장자리에서부터 밑바닥까지 잘 섞어 재료가 덩어리지지 않게 합니다.

tip

어떤 상품의 쇼트닝은 매우 단단한데 특히 쇼트닝을 냉장고에 보관한 후 바로 꺼내 사용하면 더욱 그렇습니다. 이럴 때에는 실온에 잠시 꺼내 놓은 후 약간 부드러워지면 30초–1분 정도 믹싱해서 풀어준 후 버터에 넣고 섞어 줍니다.

5. 마지막으로 20-30초 정도 다시 믹싱해 주는데 이 때 주의할 점은 너무 많이 믹싱해 주지 않는 것입니다. 그림은 버터크림 사용하기 가장 적당한 농도를 보여 줍니다 *(F)*.

tip
이 레시피에서 좋은 점은 재료가 조금 덜 들어가거나 더 들어가도 크게 문제가 없다는 점입니다. 만든 버터크림이 너무 되직하면 우유나 물을 조금 더 넣어주고, 반대로 너무 묽은 농도라면 슈가파우더를 조금 더 넣어서 필요한 농도에 맞춰 사용하시면 됩니다. 버터크림으로 케이크를 커버하거나 장식을 짤 때는 만든 후 바로 사용하는 것보다 한 시간 정도 냉장고에 두었다가 사용하는 게 좋습니다.

커버(Coverage)
기본 레시피대로 계량한 버터크림의 양은 대략 1-1.1kg입니다. 이 양은 지름이 20cm 되는 크기의 원형 케이크 또는 정사각형의 케이크를 커버할 수 있는 양이며, 컵케이크 20-30개 정도 장식을 할 수 있습니다. 이 양을 기준으로 필요한 양이 얼마 정도일지 가늠해 보시길 바랍니다. 사용하다 남은 버터크림은 만든 날짜를 라벨로 기록해 냉동 보관하면 좋습니다.

안정적인 크림과 불안정한 크림
아주 더운 날씨를 제외하고 버터크림으로 모양을 만들었을 때 크림이 형태를 유지하고 있을 때를 '안정적'이라고 말합니다. 크림이 안정적이지 않을 때에는 데코레이션을 할 때 늘 문제가 되곤 합니다. 그래서 이 책에서는 안정감 있는 버터를 만들 수 있는 레시피를 알려드려 맛있는 크림을 아깝게 낭비하지 않도록 했습니다. 왼쪽에 있는 사진들은 버터크림의 농도를 보여 줍니다. 오른쪽처럼 주름에 생기가 있고 형태가 잘 드러나 보이는 사진이 안정적인 버터크림으로 만들어 진 것이고, 왼쪽처럼 주름 장식이 처져서 형태를 잘 유지하지 못한 것이 불안정한 상태의 크림으로 만든 것입니다.

tip
버터크림은 공기가 통하지 않는 밀폐용기나 지퍼 백에 넣은 후 냉장고에 보관합니다. 한달 정도 보관을 원할 때에는 냉동실에 보관하고 크림을 사용할 때 실온에서 해동 후 사용하면 됩니다. 재사용할 때에는 기계나 손으로 다시 믹싱하지 않아도 됩니다. 물론 해동 후 사용하는 크림은 처음의 크림처럼 신선하지는 않다는 점을 기억하세요!

맛 첨가하기 Adding Flavors

버터크림에 여러 재료를 첨가하여 자신만의 개성을 살린 케이크를 만들 수 있습니다. 케이크 맛은 지역이나 만드는 사람의 선호도 또는 케이크를 받는 사람의 취향, 문화에 따라 달라집니다. 버터크림은 기호에 따라 쉽게 맛을 낼 수 있다는 장점이 있습니다. 따라서 첨가물을 조금만 넣어서 은은한 향만 나게 만들 수도 있고, 반대로 강한 맛도 낼 수 있습니다.

버터크림에 추가할 수 있는 여러 재료들이 있는데, 재료들은 파우더 타입, 액체 타입의 재료 (에센스, 추출물, 오일, 리큐어 등) 또는 페이스트 타입의 잼, 과일, 녹인 초콜릿, 티백 등이 있습니다. 재료들을 첨가할 때 바닐라 에센스를 넣을지 생략할지 결정해야 할텐데, 이런 일들을 간단하게 하기 위해서 재료들을 첨가할 때 농도만 체크해 보면 됩니다. 처음에 버터크림을 만들 때에는 농도를 조절하지 않고 버터크림에 첨가 재료를 넣었을 때 크림이 너무 부드러워지면 슈가파우더를 추가해 넣고, 농도가 단단해졌다면 물을 조금 넣어 농도를 조절하면 됩니다.

주의할 점은 주스나 과일 퓌레 등의 재료는 많은 양의 수분을 함유하고 있기 때문에 크림의 농도가 갑자기 묽게 변할 수 있으니 주의하길 바랍니다.

딸기 잼

피넛버터 잼

인스턴트 커피 분말

바닐라 에센스

작게 부순 오레오 쿠키

으깬 블루베리

코코아 파우더

녹인 초콜릿

녹차

도구

이 책에서는 다양한 종류의 사이즈와 모양의 도구들을 이용합니다. 주변에서 쉽게 볼 수 있는 도구들도 있고 그렇지 않은 도구들도 있습니다. 각각의 도구들의 사용 방법은 책에 나오는 여러 가지 장식을 하는 방법을 배우며 알게 될 것입니다. 아래에 소개하는 모든 도구들은 베이킹 용품을 파는 상점이나 온라인 몰에서 쉽게 구입할 수 있는 도구들입니다.

1. **Measuring cups and spoons** 계량컵과 계량스푼
2. **Sieve (sifter/ strainer)** 체
3. **Cake turntable** 케이크 돌림판
4. **Cocktail sticks** 칵테일 스틱(이쑤시개)
5. **Disposable piping (pastry) bags** 짤주머니
6. **Paint palette** 수채화 팔레트
7. **Paint brushes** 수채화 붓
8. **Greaseproof (wax) paper** 유산지
9. **Ruler** 자
10. **Set square/protractor** 삼각 각도기
11. **Palette knives** 팔레트 나이프
12. **Spatulas** 스패출러(고무주걱)
13. **Food colouring pastes/gel** 식용색소 (페이스트/젤)
14. **Cookie cutters** 쿠키 커터
15. **Stencils** 스텐실
16. **Plungers** 주사기 모양의 플런저 커터
17. **Nozzles** 다양한 모양의 깍지
18. **Cake combs** 케이크 콤(빗살모양 스크래퍼)
19. **Flower nail** 파이핑 플라워 네일
20. **Cupcake cases (liners)** 컵 케이크 유산지 케이스
21. **Palette knife painting set** 팔레트 나이프 유화용 세트
22. **Small kitchen knife** 작은 주방용 칼
23. **Cake leveller** 케이크 레벨러(*역자주 : 스폰지 케이크의 높이를 맞춰 자르는 도구)
24. **Pen/pencil** 볼펜, 연필
25. **Scissors** 가위
26. **Spoons** 숟가락
27. **Cake scraper** 케이크 스크래퍼
28. **Tweezers** 족집게
29. **Cake boards/drums** 케이크 받침/두꺼운 받침
30. **Non-woven cloth** 부직포
31. **Couplers** 깍지 커플러
32. **Stand mixer** 스탠드믹서
33. **Weighing scales** 계량 저울
34. **Hand mixer** 핸드믹서
35. **Mixing bowl** 믹싱 볼

파이핑 깍지

Nozzle Guide

파이핑 깍지(또는 파이핑 팁이라고도 부릅니다.)는 주로 플라스틱이나 스테인리스 재질이며 짤주머니에 끼워 사용합니다. 버터크림이 각기 다른 모양의 깍지를 통해 나오며 여러 가지 다양한 효과를 줄 수 있습니다. 깍지는 브랜드마다 모양이나 사이즈가 다르며 깍지 표면에 표기되어 있는 번호로 모양이나 사이즈를 구별하면 됩니다.

아래의 그림은 이 교재에서 사용하는 모든 깍지를 보여 줍니다. 각각의 깍지를 사용했을 때 버터크림이 어떤 형태로 만들어지는지 확인하세요. 또한 짤주머니와 깍지를 정확한 위치에 맞추는 것도 중요한데, 이 부분은 다음 챕터인 짤주머니 테크닉에서 좀 더 자세히 알아보겠습니다.

큰 원형 깍지 | 큰 원형 픽 | 간단한 원형 소용돌이 | 도트

글씨 깍지 | 글씨 | 레이스 | 브러쉬 자수 모양 | 지그재그 | 크로셰(짜임 모양)

꽃잎 깍지 | 수국 | 동백꽃 | 장미 | 데이지 | 러플(주름)

나뭇잎 깍지 | 나뭇잎 | 잎 모양 | 해바라기 | 풀잎

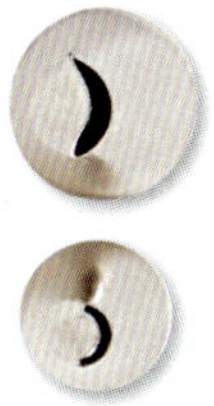

국화 깍지	국화	테두리	역 테두리

바구니 깍지	기본 바구니 모양	응용 바구니 모양

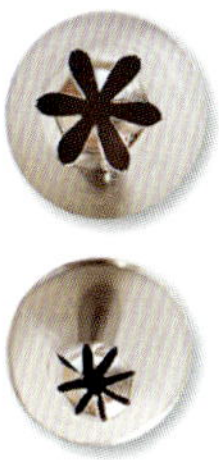

모인 별 깍지	별 모양 픽	장미/모인 별 모양의 소용돌이	C–모양(윗부분)/ E–모양(아랫부분)	플뢰르–드–리스 (아이리스 문장)

열린 별 깍지 — 열린 별 모양 픽 — 별 모양의 소용돌이

> **짤주머니와 깍지 용어 정리**
> (Bags and Nozzles Terminology)
>
> 이 책에서는 '파이핑 팁(tip)'이라는 용어 대신 '파이핑 깍지'라는 용어를 사용하고 있습니다. 짤주머니(piping bag) 또한 페이스트리 백(Pastry bag)이라고도 부르는데 이 책에서는 짤주머니(piping bag)로 통일해서 사용하겠습니다.

프렌치 깍지 — 프렌치 픽 — 프렌치 소용돌이

버터크림에 색 섞기

Coloring Buttercream

색상은 케이크에 생동감을 불러 일으키는 재료입니다. 또한 적절한 색의 조화는 디자인을 더 자연스럽고 도드라져 보이게 하기 때문에 매우 중요한 역할을 합니다. 이번 챕터에서는 버터크림을 낭비하지 않도록 알맞게 버터크림에 색을 섞는 방법을 배워봅니다.

위의 그림은 무지개 색을 중심으로 색상들이 서로 어떻게 조화가 될 수 있는가의 색상환을 보여 줍니다. 예를 들어 파랑과 초록색을 보면, 이 두 색의 조화는 언제나 생동감을 불어 일으킵니다.

색상환에서 마주 보는 보색이 되는 초록과 빨강색의 조화는 사랑스럽고 강렬한 색의 조화를 보여 줍니다. 많은 연습을 통해 본인이 좋아하는 색을 찾아보세요.

Buttercream Bible

버터크림에 색을 섞기 위해서 페이스트나 젤 타입의 식용 색상을 사용하는데, 넣는 양에 따라 색 농도를 조절할 수 있습니다. 또한 페이스트나 젤 타입의 색소는 버터크림에 잘 섞이고 흐르지 않아 사용하기 좋습니다. 파우더 타입의 색소나 액체 타입의 색소는 추천하지 않습니다. 이유는 파우더나 액체 타입의 색소들은 크림의 농도를 맞추기 어렵기 때문입니다. 액체 색소들은 크림을 너무 부드럽게 만들어 버터크림을 불안정하게 만들 수 있고, 파우더 타입의 색소는 크림을 만든 후 24시간이 지난 후 보면 작은 입자들이 크림과 잘 섞이지 못해 반점들이 생길 수 있습니다. 또한 파우더 색소는 짠맛과 쓴맛을 지니고 있기 때문에 크림의 맛에도 영향을 미칠 수 있습니다.

젤 타입의 색소를 크림에 혼합할 때에는 이쑤시개 끝에 소량의 색소를 묻힌 후 버터크림에 넣어 색상을 섞어줍니다. 한번 사용한 이쑤시개는 버터크림이 묻어 색소를 오염시킬 수 있으니 재사용 하지 않길 바랍니다.

- 역자주: 이 책에서는 Sugarflair사의 색상을 기준으로 하고 있지만 한국에서 구하기 힘든 재료이므로 Sugarflair사와 Wilton사의 색상변환표(p189)를 참고하여 버터크림 색상을 만드세요.

> **색을 섞을 때의 규칙**
>
> 버터크림에 색소를 섞어 줄 때에는 **오버믹스 하지 말아야 합니다**. 간혹 색소를 크림과 잘 섞어 주기 위해 많이 믹스해 주기도 하는데 좋은 방법이 아닙니다. 색소를 크림에 묻힌 후 스푼 뒷면이나 스패출러를 이용해서 저어주고 다시 색소를 묻히고 저어주는 방법을 반복하면 색상이 뭉치지 않고 고루고루 섞을 수 있으며 믹싱하는 시간도 단축시켜 줍니다.

색 섞기 Mixing Colors

파스텔 색상이나 연한 색을 만드는 것은 쉽지만 남색이나 검정, 빨강과 같이 짙은 계열의 색상을 만드는 것은 좀 더 까다롭습니다. 색소를 섞은 후 인내를 갖고 조금만 기다리면 발색이 계속 진행되어 시간이 지날수록 색상이 점차 진해질 수 있다는 점을 알아두세요. 아래의 설명은 진한 톤의 색상을 만드는 방법입니다.

tip

커다란 케이크를 특별한 색상으로 장식할 때에는 필요한 양 이상의 버터크림을 넉넉히 만들어 놓고 사용하면 좋습니다. 여러 색상을 섞은 크림은 다시 똑같은 색상으로 만들기 어렵기 때문입니다.

남색(Navy blue)

남색을 만들기 위해서는 Sugarflair사의 Baby blue 같은 파란색의 색상에 짙은 농도의 남색 컬러를 섞으면 됩니다(Sugarflair사의 ICE Blue 같이 너무 밝은 색은 안됩니다). 갈색 또는 검정색 색소를 소량 넣어주어도 좋습니다.

- 역자주 : Wilton사의 로얄블루와 블랙을 합치면 됩니다.

검정색(Black)

짙은 검정색을 내기 위해서는 무가당 코코아 파우더와 검정 페이스트 색소를 혼합하여 만들어 줍니다. 먼저 코코아 파우더를 넣어 크림이 어두운 갈색이 될 때까지 섞어 준 후 검정 젤 타입 색소를 넣어 짙은 검정색을 만들어 줍니다. 주의해야 할 점은 코코아 가루는 건조한 재료이기 때문에 크림이 약간 되직하게 될 수 있으므로 물을 몇 방울 떨어 뜨려 농도를 맞추어야 합니다. 코코아의 양은 어느 정도의 어두운 색을 원하느냐에 따라 적당히 넣으면 됩니다.

빨강색(Red)

밝은 빨강색을 만들기 위해서는 같은 양의 어두운 분홍색(Sugarflair Claret 또는 Dusky pink 추천)을 섞거나 주황색(Sugarflair Orange 또는 Tangerine)에 어두운 빨간색(Sugarflair Ruby 또는 Poppy Red)을 섞어 주면 됩니다. 짙은 빨강색을 만들어 줄 때에는 검정색 또는 갈색의 색상을 넣어 섞어주면 됩니다.

짤주머니 채우기

Filling the Piping Bag

여기서 이용하는 짤주머니에 크림을 담는 가장 좋은 방법은 긴 유리잔이나 화병에 짤주머니를 끼운 후 수저나 고무주걱을 사용해 크림을 넣어 주는 방법입니다. 한번 이렇게 해 보면 왜 이 방법을 추천했는지 알 수 있을 것입니다.

만약 깍지를 사용한다면 먼저 짤주머니 끝을 잘라내어 깍지를 잘 맞춰본 후 깍지가 반 이상 나올 수 있게 한 후 크림을 넣어 줍니다. 짤주머니에 깍지를 끼우지 않고 끝부분을 잘라 구멍을 내어 짜줄 수도 있습니다. 그럴 때에는 처음부터 너무 큰 구멍을 자르지 말고 사용하면서 필요한 만큼 조금씩 더 잘라가면서 사용하기 바랍니다. 또한 짤주머니에 크림을 너무 많이 넣지 말고 짤주머니의 뒷 부분을 돌려 막아 크림이 세어 나오지 않도록 해줍니다. 그러면 크림이 손에 묻거나 지저분해지지 않고 깔끔하게 사용할 수 있습니다.

커플러 사용하기 Attaching a Coupler

커플러는 짤주머니를 바꾸지 않고 깍지만을 바꿀 때 유용하게 쓰이는 도구 입니다. 커플러는 두 부분으로 나누어져 있는데, 큰 부분을 베이스라 하고 작은 부분을 링이라고 합니다. 커플러를 사용하는 방법은 먼저 짤주머니 끝 부분을 조금 자른 후 짤주머니의 안쪽에 커플러의 베이스 부분을 끼워줍니다. 사용할 깍지를 짤주머니 바깥 부분에 튀어 나온 커플러 베이스의 끝부분에 끼워준 후 링을 이용하여 깍지를 고정시켜 주면 됩니다. 커플러는 또한 크림을 짤 때 끼운 깍지가 밖으로 튀어 나오는 것을 방지하기 위해서 사용하기도 합니다. 가끔 짤주머니가 찢어지면서 깍지가 빠져나올 수도 있는데 이것은 크림을 너무 세게 짜거나 짤주머니의 질이 좋지 않아서입니다.

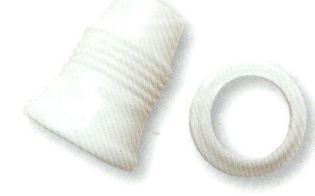

tip

디자인에 따라 짤주머니 안에 한 개 이상의 색을 넣을 때도 있습니다. 이럴 때에는 색깔에 따라 각각의 크림을 넣은 짤주머니를 만든 후, 이 두 개의 크림을 하나의 짤주머니에 넣어 주면 됩니다 (2. 파이핑 텍스처와 패턴의 앞 온 다음 투톤 러플 참고, P.67).

케이크 디자인 영감

Inspirations

사람들은 항상 우리에게 '당신들의 케이크 디자인은 항상 특별한데, 대체 어디에서 영감을 얻나요?'라고 묻습니다. 비밀은 아주 간단합니다. 케이크 디자인의 영감은 주변의 모든 아름답고 흥미 있는 물건들을 통해 쉽게 얻을 수 있습니다. 주위를 한번 둘러보세요! 먼저 마음을 사로잡는 색상이나 디자인을 발견한 후 이것들을 케이크로 표현하였을 때 어떻게 만들어질지 상상해 본다면 케이크 디자인을 결정하는데 도움이 될 것입니다.

커버링 케이크

Covering Cake

이번 챕터에는 케이크를 커버링 하는 방법에 대해 알아 보겠습니다. 커버링은 버터크림을 케이크에 잘 밀착시켜 떨어지지 않도록 발라주고, 추가 장식을 위해 표면을 깨끗이 마무리 해주는 기술입니다. 버터크림 자체가 무게감이 있기 때문에 제대로 배우지 않으면 케이크에서 크림이 떨어질 수도 있습니다.
커버링 크림의 첫 번째로 기본 단계인 크림 코팅부터 시작하겠습니다.

크럼 코팅 Crumb Coating

1

이름에서처럼 크럼(*역자주 : 케이크의 작은 부스러기)을 크림으로 코팅하는 방법입니다. 이 기술은 케이크의 표면에 1차로 얇은 버터크림을 발라 빵가루가 묻어나지 않게 하는 것입니다. 또한 이 과정은 크림을 이용하며 케이크 표면에 거친 느낌의 파이핑을 하거나 무늬를 줄 때 가장 바깥쪽 크림이 케이크에서 떨어지지 않도록 하는 베이스 작업이기 때문에 아주 중요합니다.

1. 크림 코팅할 때에는 보통 팔레트 나이프를 사용하여 케이크 표면에 크림을 발라주는데 어떤 스펀지 케이크는 크림이 아주 많이 일어납니다. 이 때 팔레트 나이프로 케이크를 계속 누르면 케이크가 손상을 입게 됩니다. 그래서 여기에서는 팔레트 나이프 대신 짤주머니를 사용하여 짜주는 방식을 사용합니다 *(A)*.

2. 원형 깍지를 사용하거나 짤주머니의 끝을 조금 잘라 사용해도 좋습니다. 짤주머니에 크림을 채우고 케이크의 옆면 부분을 채우며 짜줍니다. 크림을 짤 때에는 압력을 조금 주어 크림이 케이크에 잘 붙어있을 수 있도록 합니다 *(B)*.

3. 팔레트 나이프를 사용하여 균일하게 힘을 주며 크림을 펴 발라 줍니다 *(C)*.

4. 그 다음은 스크래퍼를 사용하여 크림의 두께를 일정하게 해주면서 필요 없는 크림을 밀어 제거해 줍니다 *(D)*.

tip

크럼 코팅한 케이크를 냉장고에 30분~1시간 정도(금속 냉동의 경우 10~15분) 또는 케이크 표면의 크림이 어느 정도 굳었을 때까지 넣어 놓은 후 크림을 더 발라 주거나 장식을 해 주는 것이 좋습니다.

Buttercream Bible

스무딩, 케이크 표면을 매끄럽게 처리하기 Smoothing

케이크가 어느 정도 차가워진 후 버터크림을 한번 더 발라 표면을 매끄럽게 하는 작업을 해줍니다. 이때 크림의 두께를 어느 정도로 하느냐에 따라 케이크 맛이 확연히 달라질 수 있습니다. 케이크의 표면을 매끄럽게 마무리하기 위해서는 많은 인내심과 연습이 필요하므로 처음에는 어렵더라도 꾸준히 연습을 해서 점점 더 완벽한 마무리를 할 수 있게 되길 바랍니다.

팔레트 나이프(Palette Knife)

케이크의 표면을 매끄럽게 해줄 때 하는 일반적인 방법은 특별한 도구가 아닌 팔레트 나이프를 이용하는 것입니다. 팔레트 나이프로 간단하게 버터크림을 발라줄 수 있습니다. 하지만 팔레트 나이프는 크림을 바를 때 라인이나 작은 굴곡을 만들기 때문에 이 도구를 사용한 것만으로는 크림 작업이 완벽하게 마무리 되지는 않습니다.

직선 모양이든 굽은 모양이든 어떤 종류의 팔레트 나이프를 써도 상관은 없지만 케이크의 크기에 따라 길이를 선택하는 것이 좋습니다. 저는 손잡이가 짧고 나이프의 뒤쪽 끝부분이 굽은 팔레트 나이프를 추천합니다. 크림은 어떤 방향으로 발라 주어도 상관없으나 가장 중요한 것은 스패출러로 바를 때 밀리면서 남는 크림들을 조금씩 제거해 주며 두께를 똑같이 만들어 주어야 한다는 점입니다.

tip
팔레트 나이프로 버터크림을 바르는 작업은 케이크 표면을 거칠게 하여 아티스틱한 마무리를 할 수도 있습니다. 이 방법으로는 케이크 표면을 완벽히 매끄럽게 하기 어렵습니다.

케이크 스크래퍼(Cake Scraper)

스크래퍼를 사용하기 전에 먼저 스크래퍼의 끝 부분이 부드러운지 체크해 줍니다. 버터크림은 매우 부드럽기 때문에 스크래퍼가 조금이라도 휘어졌다면 케이크 표면에 바로 나타날 수 있습니다. 아무 무늬 없는 플레인 스크래퍼를 사용하는 것이 아이싱 작업을 가장 빠르게 할 수 있도록 도와줍니다. 케이크 돌림판을 사용하며 스크래퍼를 단단히 직각으로 잡고 표면이 매끄러워질 때까지 돌려 가며 작업합니다.

만약 케이크 높이가 높다면 자나 직사각 모양의 케이크 리프터(찾아본 것 중에 가장 효율적임), 삼각자, L모양의 자 같은 긴 도구를 사용하면 됩니다.

tip
가장 좋은 결과를 위해서는 지름이 0.5~1cm정도 더 큰 둥그런 받침에 케이크를 올려 작업을 합니다. 페이지 28쪽의 그림(B)를 참고하세요. 스크래퍼를 사용할 때 케이크 표면에 직접 대고 사용하기 보다는 이렇게 받침대를 놓고 받침대 가장자리에 대고 밀어서 일정한 두께로 크림을 바르고, 너무 세게 케이크를 누르지 않도록 합니다.

부직포(Non-woven Cloth)

이 기술은 미국에서 케이크를 커버하는 방법인 "비바 페이퍼 타월 메써드(Viva paper towel method)"와 비슷한 방법입니다. 이 방법은 미국에 살지 않는다면 같은 재료를 구하기 어렵기 때문에 현지에서 쉽게 구할 수 있는 다른 재료를 찾아봐야 합니다. 이 책에서는 어디서나 쉽게 구할 수 있는 도구들을 찾아 테스트 해본 결과 '부직포'라는 재료를 찾아냈습니다. 부직포는 표면이 매끄러우면서도 크림에 달라 붙지 않고 흰색이며 디자인이 거의 없습니다. 가장 적합한 것은 재봉에서 흔히 접는 부분에 심으로 쓰는 부직포입니다. 미터나 야드 단위로 구입할 수 있으며 가격도 저렴합니다. 또는 부직포처럼 부드럽고, 구멍이나 주름이 없는 질감의 다른 재료를 사용해도 좋습니다.

1. 표면이 굳기 전에 팔레트 나이프나 스크래퍼를 사용하여 선이나 울퉁불퉁한 표면을 부드럽게 해 줍니다. 이렇게 해두면 표면을 매끄럽게 해 줄 때 더욱 좋습니다.

2. 책에 나온 버터크림의 레시피가 다소 단단한 편이므로 만져보았을 때 표면이 마른 느낌이 날 때까지 10-20분 정도 기다립니다. 살짝 만져 보면서 마른 정도를 확인합니다 (A). 손으로 아직 끈적거리는 느낌이 난다면 실온에서 몇 분 정도 더 기다립니다. 이때 케이크를 냉동고에 넣어두지 마세요. 냉동고는 습한 곳이기 때문에 케이크의 표면을 건조시킬 때 좋지 않습니다.

3. 부직포의 부드러운 면을 케이크 표면에 올려 놓고 손으로 살살 문지르며 표면을 편평하게 만들어 줍니다 (B).

4. 부직포를 떼고 부드럽게 해 줄 곳이 더 있는지 살펴 봅니다. 다시 부직포를 놓고 이번에는 손으로 문지르는 것 대신 스크래퍼를 부직포 위에 놓고 밀어줍니다 (C). 케이크 표면 전체를 계속해서 문질러주며 표면이 편평하고 부드러워지도록 해줍니다.

tip
케이크의 옆면을 부드럽게 해 줄 때에는 밑에서부터 시작하여 위로 올라갑니다. 그리고 스크래퍼를 이용하여 옆면을 수평 방향으로 돌리며 밀어주고, 마무리가 완벽히 될 때까지 반복해서 작업해 줍니다.

케이크의 모서리를 날카롭게 처리하기 Sharp Edge

케이크의 모서리 부분을 날카롭게 처리할 때에는 모서리 부분이 흠잡을 데 없이 완벽하게 처리되어야 합니다. 이러한 기술은 처음에는 매우 어렵지만 언제나 그렇듯이 꾸준한 연습을 통해 발전해 나갈 수 있습니다. 날카로운 모서리 표현을 위해서는 옆면의 크림을 매끄럽게 작업한 후 케이크 윗부분에 튀어나온 버터크림을 제거해 매끄럽게 해주고 다시 옆면을 작업하고 윗면을 작업하는 과정을 반복합니다.

1. 팔레트 나이프, 스크래퍼 또는 작은 주방용 칼을 사용하여 모서리에 울퉁불퉁하게 튀어나온 크림을 제거합니다 *(A)*.

2. 케이크 위에 부직포를 올려 주고 스크래퍼를 사용하여 표면을 정리해 줍니다 *(B)*.

tip
모서리에 튀어나온 크림을 잘라 정리하면 안에 있던 아직 덜 마른 크림이 나옵니다. 그래서 부직포를 올려 주기 전에는 다시 한번 크림이 굳을 때까지 기다려야 합니다.

장식하기 전에(Before You Decorate)

케이크를 커버링하고 표면을 매끄럽게 처리하는 방법을 다시 한번 정리해 보겠습니다.

1. 크림 코팅
2. 버터크림을 발라주고 팔레트 나이프를 사용하여 두께를 균일하게 하고/매끄럽게 해주기
3. 스크래퍼로 매끄럽게 해주기
4. 부직포로 매끄럽게 해주기
5. 모서리를 날카롭게 처리하기

중요! 이 책에서는 여러 기술을 소개하기 위해 우선 하나의 케이크를 완성한 상태에서 다양한 기술들을 표현합니다. 그래서 케이크에 장식을 할 때에는 이미 케이크에 크림 코팅을 했다는 전제하에 설명했습니다. 하나의 케이크를 크림 코팅 하기 위해서는 약 200-300g 정도의 크림이 필요하고, 이 크림 양은 책의 재료 리스트에 따로 나와있지 않다는 점 기억해 두길 바랍니다.

텍스처, 케이크 표면에 무늬 주기 Textured Finish

케이크의 표면을 완벽하고 매끄럽게 처리하는 대신 간단한 도구만으로 무늬를 주는 좋은 방법을 소개합니다.

포크(Fork)
포크를 사용하여 원하는 방향으로 그려 줄무늬를 줄 수 있습니다. 물결 무늬도 만들어 줄 수 있습니다.

팔레트 나이프(Palette Knife)
팔레트 나이프를 사용하여 질감을 표현할 수도 있습니다. 각기 다른 모양의 선들이 모여 아름다운 효과를 낼 수 있습니다.

케이크 콤(Cake Comb)
케이크 콤은 케이크의 질감을 표현할 수 있는 훌륭한 도구입니다. 얇은 플라스틱이나 메탈로 만들어졌으며 가장자리 부분이 물결무늬, 회오리 무늬, 굴곡 모양 등으로 만들어져 있어 이 부분을 케이크 옆면에 대고 돌려주기만 하면 됩니다. 케이크 콤을 사용할 때에는 돌림판에 올려놓고 버터크림을 바른 후 바로 사용하는 게 좋습니다.

임프레션 매트(Impressions Mats or Texture Mats)
임프레션 매트(또는 텍스처 매트)는 무늬가 새겨져 있는 플라스틱이나 실리콘으로 만들어진 시트로, 이 매트를 사용하면 케이크 표면에도 동일한 무늬를 낼 수 있습니다. 보통은 슈가 페이스트로 커버한 케이크에 사용하지만 이 교재에서 사용하는 버터크림은 단단한 편이기 때문에 크림으로 커버한 케이크에도 사용이 가능합니다. 케이크를 손으로 만져 표면이 단단해졌을 때 케이크 표면에 매트를 대고 눌러주기만 하면 됩니다.

커버링 보드
(케이크 받침대)

Covering Boards

여기에 있는 케이크 장식은 모두 버터크림만을 사용해서 작업하며 다른 재료는 사용하지 않습니다. 하지만 케이크 받침대를 버터크림으로 커버하는 것은 어려운 작업이기 때문에 크림을 사용하지 않는 다른 창의적인 방법을 고민해 보았습니다.

케이크를 만들 때마다 이 책에서는 좀더 쉽고 재미있게, 놀랄만한 결과물을 만들기 위해 노력합니다. 그래서 케이크 받침대를 만들 때에는 주변에서 찾을 수 있는 것 중 가장 흥미로운 재료들을 찾아냅니다. 예를 들면 화려한 포장지, 천 등을 사용할 수 있습니다. 하지만 받침대 장식이 너무 지나치면 전체적인 케이크 디자인에 방해가 될 수 있기 때문에 너무 받침대에만 시선이 집중이 되지 않도록 주의하길 바랍니다. 받침대의 디자인은 전체적으로 하나의 액세서리 역할을 하여 케이크의 디자인을 완성해 줍니다.

필요한 재료와 도구...

- 리본, 단추, 주름 장식, 레이스
- 포장지, 색이 있는 티슈 페이퍼, 주름종이, 천
- 글루건과 심(녹는 타입), 양면 테이프, 투명 테이프, 스프레이 접착제, 공예용 풀
- 가위
- 펜, 연필
- 셀로판 비닐, 인화지(Contact paper)/시트지

정사각형 모양

케이크 받침대를 커버할 때에는 먼저 받침대를 싸줄 포장지나 천을 준비해 보드보다 5–7.5cm 정도 크게 자르고, 셀로판 비닐은 13–15cm 정도 크게 잘라 놓습니다. 그런 후 포장지의 모서리를 그림처럼 잘라 줍니다. 받침대에 이 종이를 올리고 옆에 남은 종이는 밑쪽으로 접어 테이프로 고정합니다. 이때 포장지에는 어떤 이물질도 달라붙지 않도록 주의해 주세요. 셀로판 비닐도 같은 과정을 반복해 주세요. 마지막으로 가장자리를 리본이나 단추 또는 어울리는 장식들로 꾸며줍니다.

동그란 모양

전체적인 방법은 정사각형 케이크 받침대를 커버하는 방법과 다르지 않습니다. 다른 점은 종이를 그림처럼 2cm 간격으로 자른 후 밑으로 접어준다는 점입니다. 셀로판 비닐도 같은 방법으로 감싸준 다음 부자재를 사용하여 받침대를 꾸며주면 됩니다.

tip

케이크 받침대는 하트, 타원형, 6각형 등 다양한 모양이 있어 이런 모양은 어떤 방법으로 커버해야 할지 고민이 될 때도 있을 것입니다. 그럴 때에는 모서리가 있는 보드는 정사각형 받침대를 커버하는 방법을 선택하고, 가장자리가 둥근 모양의 보드는 원형 받침대를 커버하는 방법으로 작업하면 됩니다.

다월꽂기

Dowelling

복잡하고 다양한 모양의 구조물들을 하나로 모아 붙여줄 때에는 어떤 지지대가 필요합니다.
이 원리는 케이크를 층층이 쌓아 올릴 때도 적용이 됩니다. 플라스틱으로 만든 다월이나 나무로 만든 다월을
케이크의 가장 밑단에 꽂아주면 다월로 인해 윗단 케이크의 무게를 지탱해 주어
케이크가 무너질 염려가 없습니다.

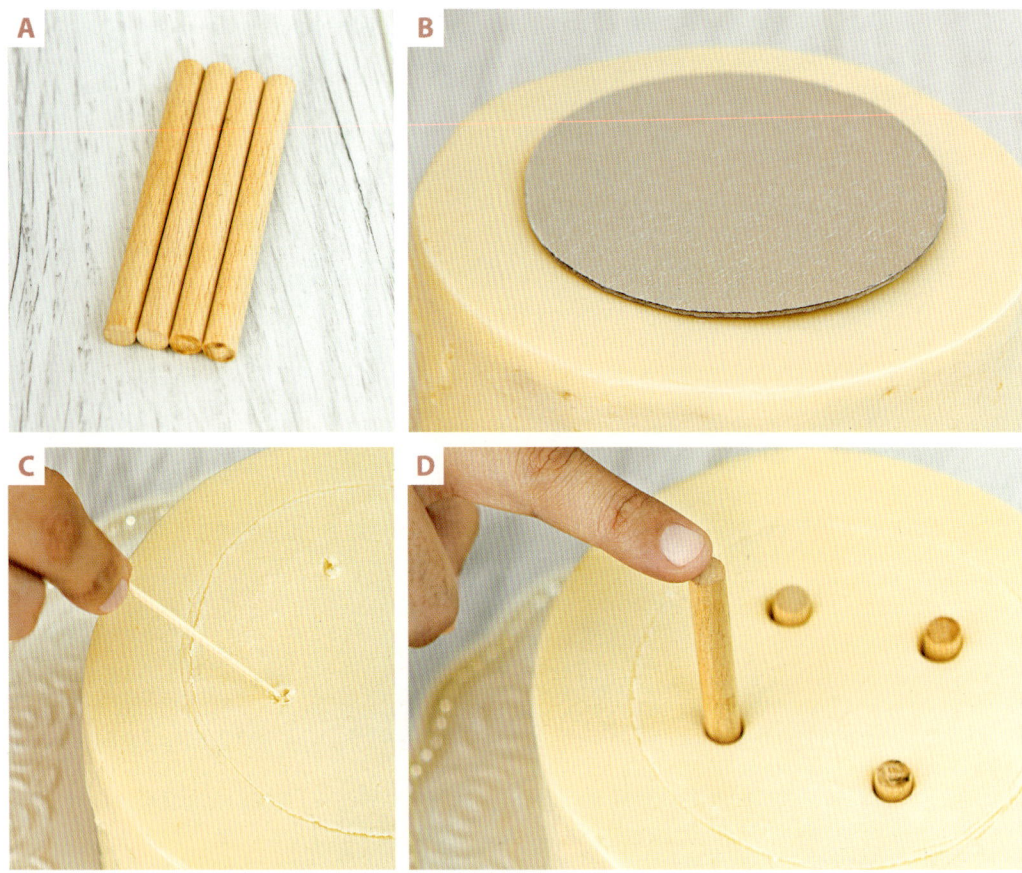

필요한 재료와 도구...

- 다월(플라스틱 또는 나무로 된 것)
- 철사를 자르는 펜치, 큰 가위, 칼
- 연필, 펜
- 얇은 케이크 받침대
- 자
- 칵테일 스틱(이쑤시개)

🎂 tip
앞에 나온 케이크를 만드는 방법은 '6. 텍스타일 효과의 레이스(p143)'를 참고 하기 바랍니다.

1. 자를 사용하여 케이크 하단의 높이를 잰 후 칼이나 펜치 등을 이용하여 같은 길이로 다월을 자릅니다. 필요한 갯수의 다월을 모두 같은 길이로 잘라줍니다 *(A)*.

2. 얇은 보드나 종이를 이용하여 다음 윗단에 올라갈 케이크의 가장자리 크기대로 종이를 잘라준 다음, 다시 다월을 꽂을 케이크의 중심에 자른 종이를 대고 이쑤시개를 이용하여 가장자리 선을 몇 군데 표시합니다 *(B)*.

3. 표시해 준 아웃라인 보다 4cm 정도 안쪽에다 꽂아줍니다 *(C)*. 다월이 맨 밑 보드에 닿을 때까지 일직선으로 꽂아 밀어줍니다 *(D)*. 필요한 다월의 갯수는 케이크의 사이즈에 따라 달라지는데 케이크가 커질수록 다월이 많이 필요합니다.

4. 케이크의 매 층마다 같은 방법으로 다월을 꽂아주면 됩니다. 만약 정말 높은 케이크를 만들 때에는 모든 층을 통과할 정도로 아주 긴 다월을 중심에다 꽂아주어야 합니다.

🎂 tip
케이크의 높이를 잴 때에는 다월을 케이크 보드에 닿을 때까지 꽂은 후 크림을 바른 곳까지 연필이나 펜으로 표시를 하고 다월을 다시 빼내어 표시된 곳을 잘라주면 됩니다.

컵케이크

Cupcakes

컵케이크를 굽는 일은 항상 즐거운 작업입니다. 큰 사이즈의 케이크를 만드는 것 보다 부담도 적게 듭니다. 이번 챕터에 나오는 기본 패턴, 픽 짜기와 회오리 모양으로 돌려 짜기를 시도해 보아도 좋습니다.

작은 사이즈의 컵케이크는 다음 챕터에 나오는 파이핑 꽃을 연습할 수 있게 해줍니다. 파이핑 꽃을 하나씩 짜서 장식할 수도 있고, 여러 꽃들을 함께 올려 사랑스러운 작은 버터크림 정원을 완성해 보거나 '3. 꽃 파이핑하기'의 끝부분에 나오는 컵케이크 부케를 완성해 볼 수도 있습니다.

이번 챕터에서는 컵케이크에 표현할 수 있는 사랑스러운 모양들과 손쉽게 만드는 간단한 컵케이크를 만드는 방법까지 소개합니다.

간단하게 만드는 컵케이크 레시피 Simple Cupacake Recipe

아래에 소개하는 레시피는 간단하고 훌륭한 컵케이크 레시피입니다. 바닐라 에센스나 여러 다른 맛을 첨가하여 응용할 수도 있습니다.

필요한 재료와 도구...

- 밀가루 150g
- 설탕 150g
- 버터 150g
- 계란 2개
- 우유 2Tbsp
- 베이킹 파우더 1/4 tsp
- 소금 1/2 tsp
- 퓨어 바닐라 에센스 1-2tsp
- 믹서
- 믹싱 볼
- 스패출러
- 체
- 계량스푼
- 12구 컵케이크 팬 2개
- 컵케이크 유산지
- 온도계(선택 사항)

만드는 양

15-18개의 기본 사이즈 컵케이크를 만들 수 있는 양입니다.

1. 오븐을 150℃로 예열합니다. 이때 온도가 너무 높으면 컵케이크가 너무 부풀어 돔 형태가 될 수 있습니다.

2. 믹서를 사용하여 버터, 설탕을 함께 넣고 20-30초 정도 섞어 반죽의 질감이 가볍고 풍성해질 때까지 믹싱해 줍니다. 계란, 바닐라 에센스, 우유를 첨가해 10-20초 정도 부드러워질 때까지 믹싱해 줍니다.

3. 다른 그릇에 밀가루, 베이킹 파우더, 소금을 체에 쳐서 준비합니다.

4. 2번과 3번 재료를 중간 이하의 속도에서 20-40초 정도 재료가 혼합이 될 정도로만 섞어 줍니다. 주의할 점은 이 때 오버믹스 하지 않는다는 점입니다. 스패출러를 이용하여 볼 옆면을 아래로 긁어줍니다.

5. 컵케이크 유산지를 깔아 주는데 24개 전체에 다 깔 필요없이 15~18개 정도만 깔아주면 됩니다.

6. 컵케이크 유산지에 반죽을 2/3정도만 채워줍니다. 아이스크림 스쿱을 사용하면 반죽을 비슷한 양으로 채울 수 있습니다. 구울 때 사용하는 컵케이크 또는 머핀 종이는 일반 종이로 만든 것보다는 유산지로 만든 것을 사용하는게 좋습니다. 일반 종이는 케이크까지 뜯겨 벗겨지는 경향이 있습니다.

7. 컵케이크를 오븐 가운데에 놓고 거의 다 구워졌을 때 가운데를 살짝 눌러보고 단단함이 느껴질 때까지 구워줍니다. 20-22분 정도가 지나면 이쑤시개로 컵케이크 가운데를 찔러 보아 크림이 묻지 않고 깨끗이 나오면 다 구워진 것입니다. 다 구워진 후에는 컵케이크를 조심스럽게 팬에서 꺼낸 후 식힘 망에 올려놓고 식혀줍니다.

tip

오븐의 온도가 컵케이크의 형태를 만드는 가장 큰 요인입니다.
컵케이크를 너무 부풀거나 꺼지지 않게 하기 위해서는 계속 오븐의 온도가 150-160℃를 유지해야 합니다. 그래서 저는 오븐 온도계 사용을 추천합니다.
오븐 온도계를 사용해 오븐 안의 온도를 정확하게 맞추는 게 좋습니다.

픽 파이핑 Piped Peaks

이 방법은 컵케이크를 데코레이션 하는 가장 쉬운 방법 중의 하나입니다. 필요한 도구는 별 모양 또는 동그란 모양의 깍지와 짤주머니 뿐입니다. 더 편한 방법을 찾는다면 깍지를 사용하는 대신 깍지와 같은 사이즈로 짤주머니 끝을 잘라 사용해도 됩니다.

1. 픽 모양을 짜주기 위해서는 큰 별 모양 깍지와 둥근 모양의 깍지를 사용하면 됩니다. 이번 챕터에서는 별 모양 깍지와 함께 '2. 파이핑 텍스처와 패턴'의 '업 앤 다운 투톤 러플 테크닉(P47)'을 이용해보겠습니다. 먼저 별 모양 깍지를 넣은 짤주머니를 잡고 45도의 각도로 기울여 컵케이크 표면에 놓아 주세요 *(A)*.

2. 짤주머니를 눌러 크림이 깍지를 통해 작은 방울 모양으로 나오게 한 후 서서히 짤주머니를 떼어 주면 됩니다. 원하는 길이가 되면 짤주머니에 힘을 주는 것을 멈추고 뾰족한 형태를 만들기 위해 재빨리 짤주머니를 떼어내면 됩니다 *(B)*.

3. 이 작업을 반복하여 *(C)* 컵케이크 표면을 장식으로 가득 채워 줍니다. 또한 크림 위에 겹쳐서 파이핑을 해주어 탑 모양으로 짜줄 수도 있습니다.

별 모양 깍지를 사용할 때에는 깍지를 살짝 돌리면서 마무리해 주면 좋습니다.

동그란 깍지를 사용하여 더 부드러운 느낌의 픽을 짤 수도 있습니다.

스월, 회오리 모양의 파이핑 Piped Swirls

스월 파이핑. 회오리 모양으로 짜는 파이핑 방법은 컵케이크를 장식하는 또 하나의 간단한 방법입니다. 필요한 것은 짤주머니와 별 모양 깍지만 있으면 됩니다! 버터크림에 색이나 맛을 첨가하거나 스프링클을 뿌려 컵케이크를 더 다양하게 꾸며 줄 수 있습니다. 다양한 종류의 깍지를 사용해 각각 다른 모양을 낼 수도 있습니다.

1. 스월 장식은 컵케이크의 가장자리나 가운데 어디에서 시작해도 됩니다.

2. 컵케이크 윗면에 짤주머니를 45도 각도로 놓아줍니다.

3. 짤주머니에 힘을 주어 별 모양으로 나오도록 짜 줍니다 (A).

4. 짤주머니를 돌려주며 바깥쪽부터 회오리 모양으로 컵케이크 표면을 모두 덮을 수 있도록 한번에 짜 줍니다 (B). 짤주머니를 누를 때에는 균일한 압력으로 힘을 주며 짜 줍니다 (C).

위의 스월 장식은 프렌치 별 모양 깍지를 사용하여 위의 방법과 같은 방법으로 만든 것입니다. 이때에는 짤주머니를 45도가 아닌 수직으로 한 상태에서 짜 주어야 합니다.

열린 별 깍지 (Wilton 1M)

모인 별 깍지 (Wilton 2D)

프렌치 깍지

심플한 원형 깍지

2
piping textures and patterns

파이핑 텍스처와 패턴

버터크림 파이핑은 케이크에 맛있고 달콤한 장식을 원한다면 기본적으로 꼭 배워야 할 기술입니다. 다들 이 기술이 어렵다고 생각하지만 그렇지 않습니다. 이번 챕터에서는 짤주머니와 깍지만을 이용하여 주름 장식에서 바구니 짜임새 모양까지, 다양하지만 쉽게 따라 할 수 있는 파이핑 기술을 배워 보겠습니다. 필요한 도구는 손에 익은 오래된 짤주머니와 사용하기 쉬운 몇 개의 깍지뿐입니다.

러플 장식

Ruffles

러플 장식은 짤주머니를 앞 뒤, 위 아래 그리고 지그재그로 움직이는 파이핑 동작을 이용해 간단하지만 매우 우아한 분위기의 케이크를 효과적으로 연출할 수 있는 기술입니다.

짤주머니를 앞, 뒤로 움직이며 주름을 만드는 '백 앤 포스 러플'에서는 지그재그로 짤주머니를 구불구불하게 짜서 러플을 만드는 기술과 옴브레 그라데이션 컬러로 짜는 방법을 배워 봅니다.

또한 어떻게 크림을 위 아래로 짜며 러플과 투톤 효과를 내는지, 또 짤주머니를 조금씩 움직이며 구불구불한 선을 만드는 스퀴글리(구불구불한) 러플 느낌이 나도록 하는 방법을 배워봅니다.

Back and Forth Ruffles

백 앤 포스 러플 (앞, 뒤로 러플짜기) Back and Forth Ruffles

1. 먼저 기본 챕터에서 배웠던 것처럼 버터크림으로 케이크를 얇게 커버 합니다. 주름 장식을 짜 주기 때문에 표면을 너무 매끄럽게 커버하지 않아도 됩니다 (A).

2. 사이드 스크래퍼 또는 자를 사용하여 케이크 표면에 가는 삼각형 모양으로 선을 찍어 줍니다 (B). 두 가지 색상을 이용하여 번갈아 가며 러플을 짜줄 경우 삼각형의 개수가 짝수가 되게 합니다.

3. 작은 꽃잎 모양 깍지에 원하는 색의 버터크림을 넣고 짤주머니를 수직으로 세워 잡은 후 깍지의 넓은 부분을 케이크 쪽으로 붙여 밑에서 부터 지그재그로 짜 주며 삼각형 모양으로 그린 선의 밑부분을 러플로 채워 줍니다 (C).

tip
이런 모양의 러플을 짜는 방식은 버터크림의 양이 많이 들어가기 때문에 버터크림의 무게가 상당합니다. 따라서 크림을 짤 때에는 꼭 케이크의 맨 하단에서부터 러플 장식을 만들어 무게를 지탱 할 수 있게 합니다.

4. 그라데이션 효과를 위해 좀 더 어두운 색상의 버터크림으로 짤주머니를 준비한 다음 앞서 했던 방식으로 러플을 짜 줍니다 (D). 일정한 힘을 주며 짤주머니를 짜 주어 주름이 찌그러지며 나오지 않도록 주의합니다.

5. 조금 더 어두운 색상의 버터크림으로 짤주머니를 바꾼 후 러플을 점점 작게 짜 주며 삼각형의 맨 윗부분까지 짜 줍니다 (E).

6. 짤주머니를 바꿔 다음 삼각형 그림에도 주름 장식을 짜 줍니다. 이번에는 하단이 좁고 상단으로 갈수록 표면이 넓어지는 삼각형 모양으로 짜 줍니다. 케이크의 전체적인 색의 대조를 위해 이번에는 색을 섞지 않은 크림으로 주름 장식을 만들어 줍니다 (F).

7. 색을 넣은 러플과 넣지 않은 러플을 번갈아 가며 케이크 전체를 커버해 줍니다. 맨 윗단은 다른 무늬를 준 케이크를 함께 세팅해 마무리해 줍니다.

케이크를 완성하기 위해⋯

- 20×15cm 원형 케이크(맨 아랫단), 15×7.5cm 원형 케이크(중간단), 13×7.5cm 사이즈 원형 케이크(맨 윗단)
- 다월
- 버터크림 : 800g-1.25kg
- 페이스트 타입 식용 컬러 : 파란색(Sugarflair Baby Blue) (Wilton사의 경우 색상표 확인, P189)
- 짤주머니
- 작은 꽃잎 깍지(Wilton 104)
- 스크래퍼 또는 자
- 팔레트 나이프
- 케이크 받침대 또는 반죽으로 커버한 케이크 보드

케이크를 크림으로 커버한 후 다월을 꽂아 3단으로 세팅합니다(1. 버터크림 베이직의 커버링 케이크 참고, P28).
맨 윗단은 팔레트 나이프와 붓터치 기술 섹션에 있는 붓터치 기술을 이용하여 커버해 줍니다(4. 팔레트 나이프 테크닉 참고, P111).
버터크림을 200-250g을 남겨둔 후 나머지 버터크림을 세 부분으로 나누어 점점 더 어두워지도록 3단계의 파란색 색상으로 섞은 후 책에서 설명하는 방법에 따라 러플을 짜 줍니다. 중간단은 카네이션 파이핑 꽃으로 마무리 합니다(3. 꽃 파이핑하기의 카네이션과 스위트피 참고, P83).

업 앤 다운 투톤 러플 Up and down two tone ruffles

A

B
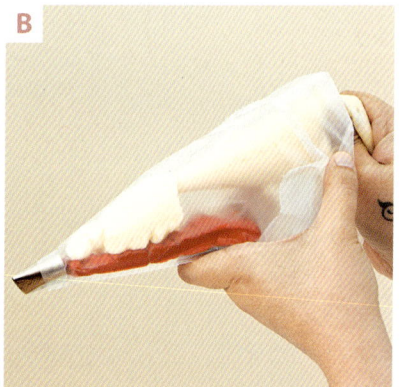

C
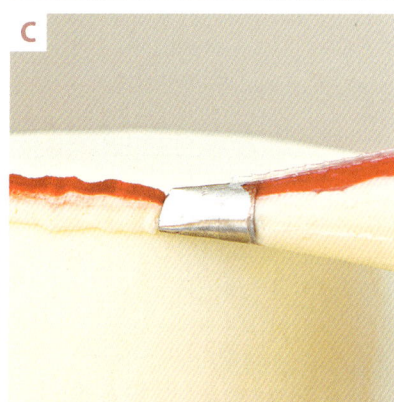

D
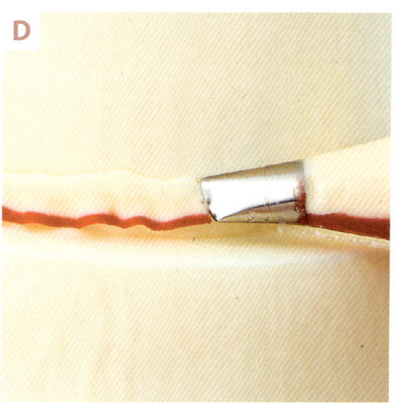

E
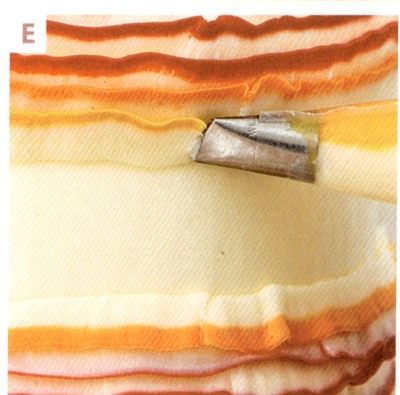

🎂 tip
러플이 케이크에 붙어 있도록 하기 위해 크림을 짤 때 짤주머니에 힘을 주어 살짝 눌러 주며 짭니다.
위, 아래 양쪽으로 짠 러플의 길이 조절은 양쪽을 한 번씩 번갈아가며 짜 주면서 합니다.

1. 투톤 러플 장식은 원하는 두 가지 색의 크림을 깍지가 없는 짤주머니 두 개에 따로 담아 줍니다. 그리고 깍지를 끼운 다른 짤주머니 하나도 준비합니다 (Wilton 104) *(A)*.

2. 컬러가 있는 크림의 짤주머니 끝을 잘라 깍지가 있는 짤주머니에 크림을 짜 넣어 줍니다. 윗 부분의 포인트 색을(스프라이프 컬러) 넣어줄 크림을 먼저 짤주머니에 넣어 주되 깍지의 뾰족한 부분 쪽으로 크림을 채웁니다. 나머지 색의 버터크림도 짤주머니에 넣어 줍니다 *(B)*. 같은 방법으로 다른 컬러를 만들어 줍니다.

3. 이제 케이크의 위에서부터 또는 아래 부분에서 양쪽으로 번갈아 가며 크림을 짜 줍니다. 이때 깍지의 뾰족한 부분이 위로 가게 하거나 아래로 하여 주름이 떨어지는 방향과 같은 방향으로 오게 하여 짜 주어야 합니다(위로 가도록 할 때에는 *C*, 아래로 향할 때에는 *D*).

4. 짤주머니를 옆으로 향하게 잡은 후 깍지의 넓은 부분이 케이크의 표면에 살짝 닿을 수 있게 합니다. 균일한 힘을 주며 짜 주기 시작하여 처음 시작 점과 마지막 점이 서로 만날 수 있게 크림을 돌려 짜 줍니다. 짤주머니를 아주 살짝 조금씩 위 아래로 움직여 러플 느낌이 나도록 합니다.

5. 이와 같은 방법을 반복하며 러플을 만듭니다. 각 러플의 간격과 각도를 일정하게 유지하며 위, 아래 양쪽의 러플이 서로 만나는 지점까지 짜 줍니다 *(E)*.

Up and down two tone ruffles

케이크를 완성하기 위해…

- 20×7.5cm 원형 케이크(아랫단), 15×15cm 원형 케이크(윗단)
- 다월
- 버터크림 : 650-930g
- 식용 페이스트 타입 컬러 :
  빨강색 (Sugarflair Ruby Red),
  주황색(Sugarflair Tangerine),
  노란색(Sugarflair Melon),
  갈색(Sugarflair Dark Brown),
  진한 갈색(Sugarflair Dark Brown and Black)
  (Wilton사의 경우 색상표 확인, P189)
- 작은 꽃잎 깍지(Wilton 104)
- 짤주머니
- 케이크 받침대 또는 반죽으로 커버한 케이크 보드

케이크를 크림으로 커버한 후 다월을 꽂아 케이크 받침대 또는 반죽으로 커버한 케이크 보드에 세팅합니다(1. 버터크림 베이직의 커버링 케이크 참고, P28). 200-250g의 갈색 컬러의 버터크림과 50-80g의 어두운 갈색의 버터크림을 사용하여 20×7.5cm 케이크를 블렌딩 효과 테크닉을 이용하여 커버해 주고(4. 팔레트 나이프 테크닉의 블렌딩 참고, P114) 표면을 매끄럽고 깔끔하게 마무리해 줍니다(1. 버터크림 베이직의 스무딩 참고, P29). 빨간색, 진한 주황색, 밝은 주황색(탄저린 Tangerine 페이스트를 아주 소량만 넣어줌) 그리고 노란색 버터크림을 각각 100-150g 만들어 주고, 이 색상을 넣은 버터크림과 남은 색을 섞지 않은 하얀색 버터크림을 이용해 맨 윗부분부터 책에 나온 내용에 따라 러플을 짜 줍니다. 동백꽃을 파이핑해서 중간 부분에 장식해 마무리를 합니다(3. 꽃 파이핑하기의 동백꽃과 수국 참고, P78).

스퀴글리 러플, 구불구불한 주름 장식 Squiggly Ruffles

1. 자나 이쑤시개, 사이드 스크래퍼 등을 사용해서 케이크의 표면을 일정하게 나누어 일자로 표시합니다 *(A)*.

2. 짤주머니에 원하는 작은 꽃잎 깍지(Wilton 103)를 넣고 원하는 색상의 버터크림을 넣어 줍니다 *(B)*.

3. 깍지의 넓은 부분을 케이크의 표면에 닿게 한 후 균일한 압력을 주며 불규칙적인 방향으로 구불구불하게 짜며 이동해 표시해준 선 안을 채웁니다 *(C)*.

4. 선 하나를 건너 뛰고 다음 칸을 같은 방법으로 채워 줍니다 *(D)*. 이번 데코레이션에서는 에어브러시를 사용하여 골드 색상을 뿌려 마무리했습니다. 이 방법은 선택 사항으로 케이크에 사랑스럽게 반짝거리는 효과를 줄 수 있습니다.

tip
버터크림 주름 장식이 무거워 케이크의 끝면에서 흐를 수 있으니 크림을 짜 줄 때 케이크 끝면을 살짝 누르듯 짜서 끝면에 단단히 고정되도록 합니다.

케이크를 완성하기 위해…

- 10×7.5cm, 15×10cm 사각형 케이크
- 버터크림 : 500-700g
- 다월
- 식용 페이스트 컬러 :
  진한 보라색(Sugarflair Grape Vine),
  노란색(Sugarflair Melon and Autumn Leaf 혼합)
  (Wilton사의 경우 색상표 확인, P189)
- 작은 꽃잎 깍지(Wilton 103)
- 짤주머니
- 케이크 받침대 또는 반죽으로 커버한 케이크 보드
- 에어브러시와 골드 색상(선택 사항)

노란색 버터크림 200-300g을 사용하여 버터크림으로 커버한 후 매끄럽게 마무리해 줍니다(1. 버터크림 베이직의 커버링 케이크 참고, P28). 다월을 꽂아 케이크 받침대 또는 반죽으로 커버한 케이크 보드에 세팅합니다(1. 버터크림 베이직 참고).
보라색 300-400g의 버터크림으로 러플을 짜준 후 카네이션 파이핑 꽃을 윗단 케이크의 표면 중간에 각각 장식해 주며 마무리를 합니다(3. 꽃 파이핑하기의 카네이션과 스위트피 참고, P83).
에어브러시를 이용하여 골드 색상을 뿌려 마무리를 합니다(선택 사항).

Squiggly Ruffles

바구니 짜기

Basket Weave

케이크에 대각선으로 라인을 짜주어 표면을 간단히 장식할 수 있습니다.
바구니 장식은 선을 서로 엮이게 하여 바구니 짜임새의 모양을 만드는 방법입니다.
이 책에서는 전통적인 방법을 이용하여 현대적이고 최신 스타일로 표현하는 방법을 알려 드리겠습니다.
케이크 맨 위에는 어울리는 파이핑 꽃을 장식하여 더 멋진 케이크를 완성할 수 있습니다.

Basket Weave

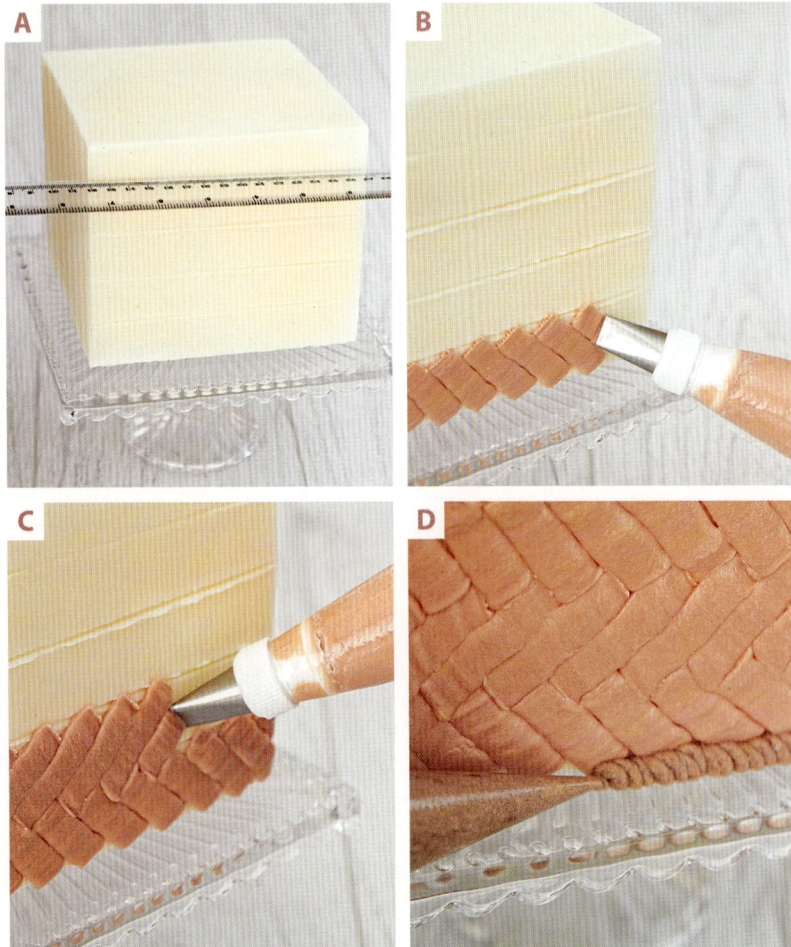

1. 크림 코팅한 케이크 표면에 수평 약 2.5cm 간격으로 눈에 보이는 라인을 표시해 줍니다 (A).

2. 크림 코팅한 케이크의 표면이 굳기 전에 바구니 깍지(Wilton 48 또는 45)의 매끄러운 면이 위로 향하게 하여 케이크의 밑면부터 표시한 라인까지 사선으로 파이핑해 줍니다. 바구니 모양의 파이핑이 케이크에 잘 붙게 하기 위해 약간의 압력을 주어 크림을 짜 줍니다 (B).

3. 두 번째 칸에는 밑의 대각선과 반대 방향으로 크림을 짜 줍니다. 이때 먼저 짜 준 크림과의 사이에 공간이 생기지 않게 하여 대각선으로 짠 크림들이 서로 연결되도록 해 줍니다 (C).

4. 깔끔한 밑단의 마무리를 위해서 어두운 모카 색상의 크림을 짤주머니에 넣고 끝을 잘라 크로셰 기법(6. 텍스타일 효과의 크로셰 참고, P149)을 이용하여 파이핑을 해 줍니다 (D).

tip
빈티지 룩이나 실제 바구니 느낌을 주기 위해서 브라운 컬러를 점점 어둡게 하여 크림을 짜내는 것도 좋은 방법입니다. 국화 모양의 깍지를 사용하여 다양하게 표현하는 것도 좋은 방법입니다.

케이크를 완성하기 위해…

- 15×15cm 정사각형 케이크
- 버터크림 : 1.05–1.4kg
- 식용 페이스트 타입 색소 : 밝은 모카색 그리고 진한 모카색(Sugarflair Mocha), 밝은 복숭아색(Sugarflair Peach), 분홍색(Sugarflair Pink), 진한 초록색(Sugarflair Spruce Green), 밝은 초록색(Sugarflair Bittermelon) (Wilton사의 경우 색상표 확인, P189)
- 짤주머니
- 바구니 모양 깍지(Wilton 48) 또는 기본 바구니 모양 깍지(Wilton 45)
- 사이드 스크래퍼 또는 자
- 케이크 받침대 또는 반죽으로 커버한 케이크 보드

케이크를 크림으로 커버한 후(1. 버터크림 베이직의 커버링 케이크 참고, P28) 다월을 꽂아 케이크 받침대나 반죽으로 커버한 케이크 보드에 세팅합니다. 400–500g의 버터크림을 밝은 모카색으로, 100–150g의 버터크림을 조금 더 진한 색상의 모카색으로 섞어 줍니다. 밑단 케이크의 옆면을 바구니 짜기 기법으로 전체 파이핑을 해 줍니다. 남은 버터크림을 이용하여 각각 150–200g의 밝은 복숭아색으로 섞은 크림으로는 장미를, 150–200g의 분홍색으로 섞은 크림으로는 국화를(3. 꽃 파이핑하기의 장미와 장미 봉오리, 국화와 수선화 그리고 해바라기와 잎 참고, P95, 91, 74), 100–150g의 진한 초록색으로 섞은 크림으로는 나뭇잎을, 150–200g의 밝은 초록색으로 섞은 크림으로는 나뭇잎과 줄기를(2. 파이핑 텍스처와 패턴의 러플 장식 참고, P44) 케이크 맨 윗부분에 세팅하여 데코해 줍니다.

전통적인 바구니 짜기 Traditional Basketweave

> **tip**
> 다양한 효과를 위해서 중간 사이즈의 둥근 깍지를 이용하거나 깍지 없이 짤주머니의 끝을 잘라 같은 방법으로 짜볼 수도 있습니다. 원하는 색상을 두 가지 또는 그 이상의 색을 사용하여 짜 주는 방법도 있습니다.

1. 케이크 표면에 직선을 그리기 위해 스크래퍼를 사용하여 수직으로 선을 찍어 바구니 모양으로 짤 직선을 표시해 줍니다 *(A)*.

2. 깍지(Wilton 45 또는 48)를 사용하여 직선으로 짜 줍니다. 위에서 아래로 향하든 아래에서 위로 향하든 상관없이 더 쉽다고 생각되는 방향으로 짜 주면 됩니다 *(B)*.

3. 수직으로 짠 크림을 가로질러 가로로 길이 4-5cm의 짧은 직선을 짜 줍니다. 직선으로 짠 선들의 간격은 깍지의 넓이와 같도록 짜 줍니다 *(C)*.

> **tip**
> 케이크 옆 표면에 직선으로 선을 짜주는 것이 어렵다면 케이크 보드를 수직으로 세워서 선 긋기 연습을 해보세요. 또 다른 팁은 짤주머니를 빠르게 움직여 짜면 선이 구불거리지 않고 직선으로 짜는데 도움이 됩니다.

4. 다시 한번 수직으로 크림을 짜 주는데 각 직선 사이의 간격은 2.5cm를 넘지 않게 하며 가로 방향으로 짜 놓은 크림과 겹치도록 짜 주어야 합니다 *(D)*.

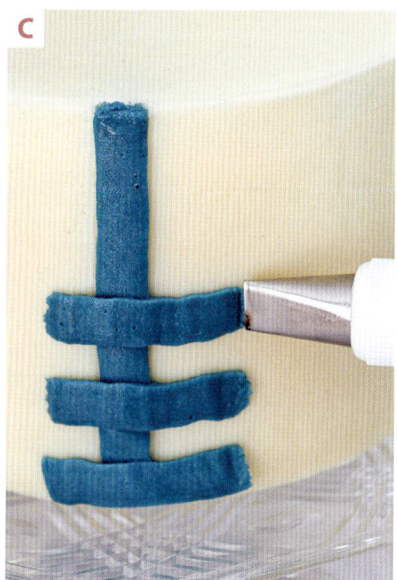

Traditional Basketweave

5. 전체 케이크를 모두 커버할 때까지 계속해서 수평 방향과 수직 방향으로 크림을 짜 줍니다 *(E)*.

tip
바구니 모양으로 크림을 짤 때에는 크림 코팅이 굳기 전에 살짝 누르듯이 파이핑을 해 주어서 크림이 흘러내리지 않도록 합니다. 바구니 모양 파이핑이 더 실제 같아 보이도록 하기 위해 수평으로 짠 크림이 수직으로 짠 크림 밑에서 나오는 것처럼 보이게 짜주면 좋습니다.

케이크를 완성하기 위해…

- 15×15cm 원형 케이크
- 버터크림 : 950g-1.25kg
- 식용 페이스트 타입 색소 : 청록색(Sugarflair Turquoise), 진한 분홍색(Sugarflair Claret), 밝은 초록색(Sugarflair Bittermelon) (Wilton사의 경우 색상표 확인, P189)
- 짤주머니
- 바구니 깍지(Wilton 48 또는 45)
- 작은 꽃잎 깍지(Wilton 104)
- 사이드 스크래퍼 또는 자
- 케이크 받침대 또는 반죽으로 커버한 케이크 보드

버터크림으로 커버한 후 매끄럽게 마무리해 줍니다(1. 버터크림 베이직의 커버링 케이크 참고, P28).
버터크림 400-500g을 청록색 색상으로, 100-150g을 조금 더 진한 청록색 색상으로 섞어놓은 후
바구니 모양으로 파이핑을 해 줍니다.
케이크의 가장자리를 크로셰 테크닉(6. 텍스타일 효과의 크로셰 참고, P149)을 사용해 진한 청록색 크림으로 파이핑을 해 줍니다.
케이크 밑 부분은 400-500g의 진한 분홍색 크림과 50-100g의 밝은 초록색 크림을 이용한
동백꽃 파이핑 꽃(3. 꽃 파이핑하기의 동백꽃과 수국 참고, P78)으로 마무리해 줍니다.

E-스크롤과 C-스크롤

E- and C-scrolls

e-스크롤과 c-스크롤은 배우기 쉬운 테크닉 중의 하나로, 우아한 느낌의 케이크를 제작할 수 있고 소용돌이 형태의 파이핑이 풍성하고 정교한 모양을 만들어 줍니다. 알파벳 'e' 그리고 'c'와 모양이 흡사하여 'e-스크롤', 'c-스크롤'이라는 이름이 붙여졌습니다.
이번 챕터에서는 이 두 가지 스크롤을 조합하여 빅토리아 풍의 케이크를 만들어 보겠습니다.

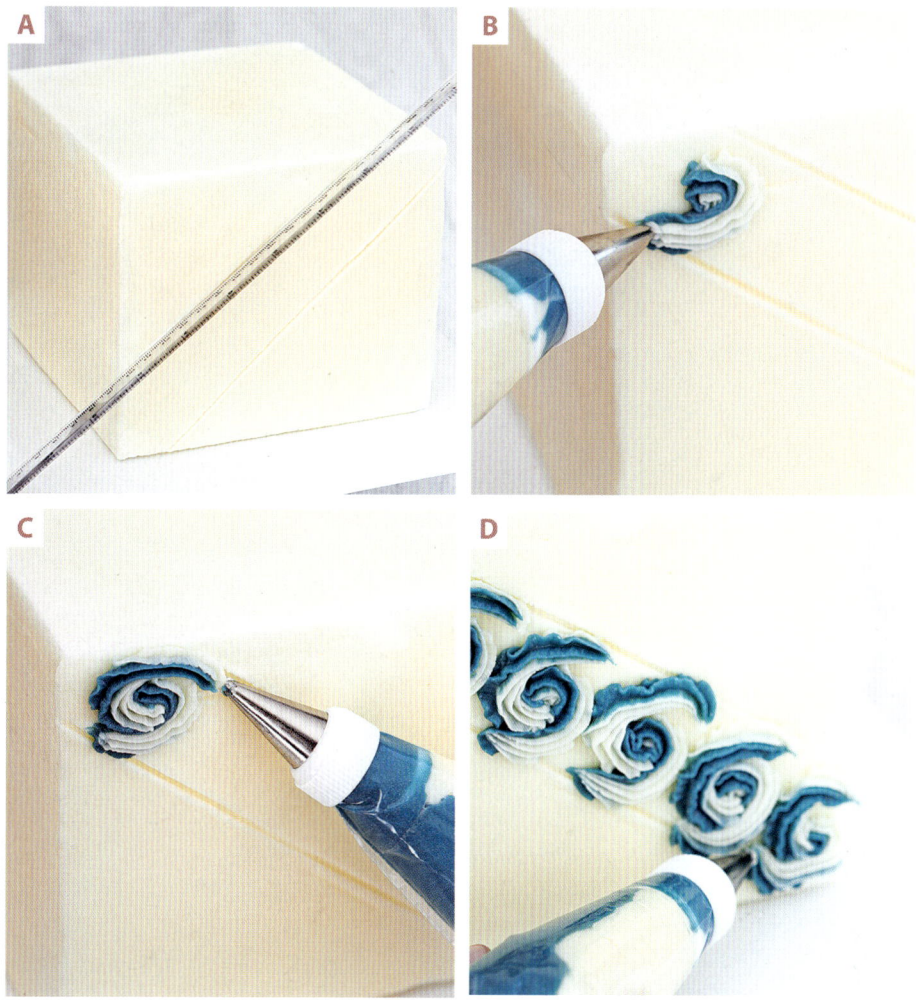

1. 자를 사용하여 케이크의 모든 표면에 6.5-7.5cm 두께의 대각선을 그어 줍니다 (A).

2. 별 모양의 깍지(Wilton 16)를 사용하여 'c'의 반대 방향 모양으로 케이크 표면에 회오리 모양으로 스크롤을 만듭니다 (B).
스크롤을 짜 줄 때에는 짤주머니를 이용하여 회오리 모양의 원을 오른쪽 방향으로 그리며 짜 주되, 파이핑을 처음 시작할 때 시작점에서 약간 왼쪽으로 움직인 후 동그라미를 그리고 마지막 꼬리 부분은 살짝 올려 마무리하여 알파벳 c의 거꾸로 된 모양을 만듭니다.

3. 이번에는 같은 시작점에서 c-스크롤을 하나 더 짜 주되 처음 짠 모양과 반대 방향으로 짜 주면 됩니다 (C). 짤주머니를 왼쪽 방향으로 올리며 짜 주어 c를 만들어 줍니다.

4. 이 방법을 계속 반복하여 짜 주며 대각선을 채워줍니다 (D).

5. 다음은 그려놓은 대각선 가이드 라인을 따라서 e-스크롤을 짜 줍니다. 짤주머니를 곧게 세워 같은 압력의 힘을 주며 작은 e모양을 오른쪽으로 고리를 연결하듯 짜 줍니다 *(E, F)*.

케이크를 완성하기 위해…

- 20×15cm (맨 밑단) 정사각형 케이크, 15×10cm(맨 윗단) 정사각형 케이크
- 다월
- 버터크림 : 1.4-1.8kg
- 식용 페이스트 타입 색소 :
  살구색(Sugarflair Peach),
  청록색(Sugarflair Turquoise)
  (Wilton사의 경우 색상표 확인, P189)
- 짤주머니
- 별 모양 깍지(Wilton 16)
- 팔레트 나이프
- 식용 진주(설탕 구슬)
- 족집게
- 케이크 받침대 또는 반죽으로 커버한 케이크 보드

600-800g의 살구색 버터크림으로 케이크를 매끄럽게 커버한 후 케이크 보드에 세팅합니다(1. 버터크림 베이직의 커버링 케이크 참고, P28).
400-500g의 크림을 청록색으로 섞어주고 남은 크림은 색을 섞지 않은 상태로 짤주머니에 넣어 투톤 효과로 짜 줍니다(2. 파이핑 텍스처와 패턴의 업 앤 다운 투톤 러플 참고, P47).
c-와 e-스크롤을 책의 내용대로 짜 줍니다.
살구색 크림으로 다양한 스크롤 모양으로 파이핑을 해준 후(2. 파이핑 텍스처와 패턴의 스크롤, 라인과 지그재그 참고, P69) 살구색 파이핑 위에 식용 진주 장식을 족집게로 붙여줍니다.
마지막으로 케이크 밑부분을 크로셰 테크닉으로 마무리를 해 줍니다(6. 텍스타일 효과의 크로셰 참고, P149).

별 깍지 짜기

Star Fill

복잡한 패턴이나 디자인은 잊어버리세요.
별 깍지 짜기 테크닉은 간단한 패턴으로 윤곽선을 표시해 두고, 그 안을 짤주머니를 이용해
별 모양으로 짜서 채우기만 하면 됩니다. 누구든지 할 수 있는 아주 쉬운 방법입니다!

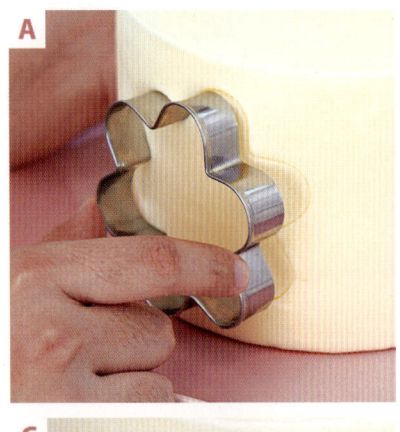
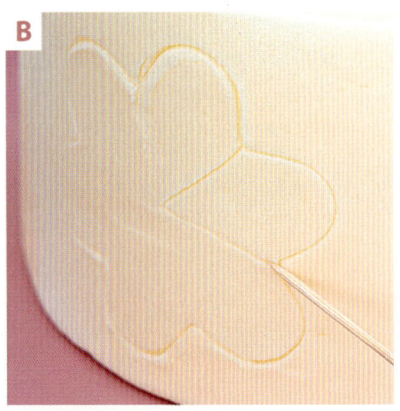

1. 케이크 표면 위에 자유롭게 원하는 모양을 그려주거나 쿠키 커터를 이용해 윤곽선을 만들어 줍니다 (A, B).

2. 그런 다음 크로셰 파이핑으로 윤곽선을 파이핑해 줍니다(6. 텍스타일 효과의 크로셰 참고, P149). 색은 안을 채워 줄 색상과 다르게 합니다.

3. 별 모양 깍지(Wilton 16)를 케이크와 수직이 되도록 놓은 후 크림을 짜 별 모양으로 나오면 짜는 것을 멈추고 재빠르게 짤주머니를 떼어냅니다 (C).

4. 같은 방법을 되풀이하여 짜 주면서 윤곽선의 안을 빈틈없이 모두 채워 줍니다 (D).

tip
파이핑을 할 때 같은 압력으로 힘을 주어 크림을 짜 주어야 별 모양의 크기, 높이가 동일하게 만들어 집니다.

케이크를 완성하기 위해…

- 20×15cm 원형 케이크(밑단), 15×7.5cm 원형 케이크(윗단)
- 다월
- 버터크림 : 1.6–2.2kg
- 식용 페이스트 색소 : 노랑–주황색(Sugarflair Egyptian Orange), 주황색(Sugarflair Tangerine), 밝은 갈색(Sugarflair Dark Brown), 진한 갈색(Sugarflair Dark Brown) (Wilton사의 경우 색상표 확인, P189)
- 별 모양 깍지(Wilton 16)
- 짤주머니
- 칵테일 스틱(이쑤시개)
- 케이크 받침대 또는 반죽으로 커버한 케이크 보드

600–800g의 노랑–주황색 버터크림으로 윗단 케이크를, 400–500g의 주황색 버터크림으로 밑단 케이크를 커버한 후 표면을 매끄럽게 해 주고 다월을 꽂아 케이크 받침대 또는 반죽으로 커버한 케이크 보드에 세팅합니다(1. 버터크림 베이직의 커버링 케이크 참고, P28).
200–300g의 밝은 갈색, 진한 갈색, 기본 하얀색의 버터크림을 각각 준비하고 남은 주황색과 노랑–주황색 버터크림도 이용하여 책 내용에 따라 파이핑을 완성합니다.

도트

Dots

도트 짜기는 별 깍지 짜기와 기술은 비슷하지만 버터크림의 양은 더 적게 듭니다.
도트 짜기는 윤곽선을 그려 줄 때나 그 안을 채워 줄 때 좀 더 조절하기 쉽기 때문에
정밀한 작업을 할 때 유용하게 사용할 수 있습니다.

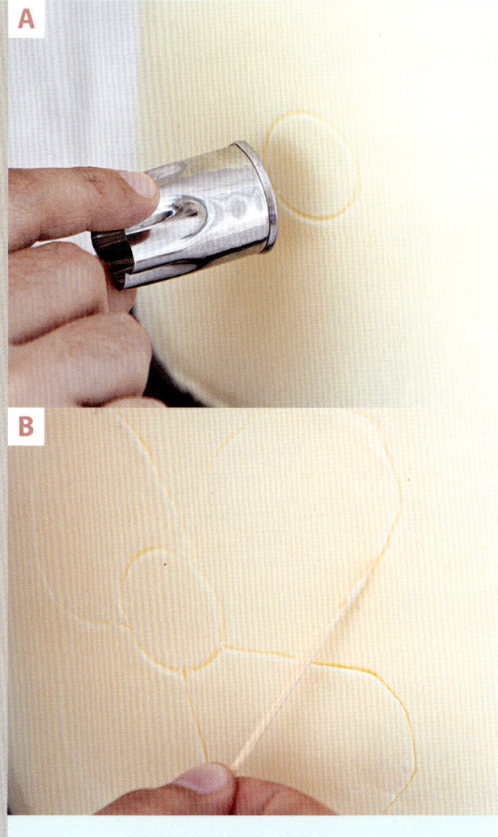

1. 매끄럽게 처리한 케이크에 쿠키 커터를 사용하여 모양을 찍어 주거나, 칵테일 스틱(이쑤시개)을 이용하여 모양을 그려 줍니다 *(A, B)*.

2. 필요한 모든 색상은 짤주머니에 각각 담아 가위로 짤주머니의 끝을 조금 잘라줍니다. 짤주머니를 케이크와 수직이 되게 잡고 작은 도트 모양의 크림이 나올 때까지 짤주머니를 살짝 눌러줍니다. 윤곽선을 따라 모두 짜 줍니다 *(C)*. 이때 중요한 점은 크림 짜는 것을 먼저 멈춘 후에 짤주머니를 떼는 것입니다. 윤곽선을 완성했으면 안쪽 부분을 채워주고 작업을 할 때에도 이 순서로 짜 주는 것이 좋습니다.

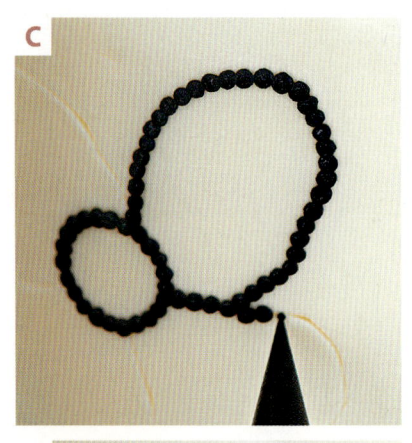
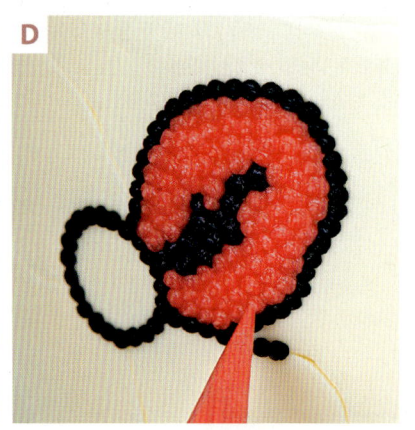

3. 이런 과정을 반복하여 원하는 색상으로 윤곽선 안 부분을 모두 채워 줍니다. 도트로 짠 크림 중간중간에 빈 공간이 생기지 않게 주의하세요 *(D)*.

4. 꽃과 잎을 연결해주기 위해 줄기가 되는 부분의 선을 도트로 짜 줍니다. 도트가 뾰족한 모양으로 나오면 크림이 굳을 때까지 기다렸다가 손가락으로 살짝 눌러 줍니다 *(E)*.

케이크를 완성하기 위해…

- 20×15cm (밑단) 원형 케이크, 15×10cm(윗단) 원형 케이크
- 다월
- 버터크림 : 1.65~2.55kg
- 식용 페이스트 타입 색소 : 분홍색(Sugarflair Pink), 노란색(Sugarflair Autumn Leaf), 보라색(Sugarflair Grape Violet), 초록색(Sugarflair Spruce Green), 밝은 주황색(Sugarflair Tangerine), 진한 주황색(Sugarflair Tangerine), 검정색(Sugarflair Liquorice) (Wilton사의 경우 색상표 확인, P189)
- 쿠키 커터(선택 사항)
- 칵테일 스틱(이쑤시개)
- 짤주머니
- 족집게
- 팔레트 나이프
- 케이크 받침대 또는 반죽으로 커버한 케이크 보드

크림 코팅 후 다월을 꽂아 케이크 받침대 또는 반죽으로 커버한 케이크 보드에 세팅합니다(1. 버터크림 베이직 참고, P13). 600~800g의 컬러를 섞지 않은 버터크림으로 표면을 매끄럽게 처리해 줍니다(1. 버터크림 베이직의 커버링 케이크 참고, P28). 케이크 표면에 쿠키 커터를 이용하여 모양을 찍어주거나 이쑤시개를 사용하여 원하는 디자인으로 그립니다. 남은 버터크림을 7개로 나누어 분홍, 노랑, 보라, 초록, 밝은 주황, 진한 주황, 검정색으로 각각 섞어 준 후 짤주머니에 넣어 줍니다. 짤주머니 끝을 조금만 잘라 준 후 책의 내용대로 파이핑을 해 줍니다.

나뭇잎

Leaves

나뭇잎 짜기를 오직 파이핑한 꽃을 강조하기 위해서, 또는 케이크 표면의 결점 부분을 덮기 위해서 사용한다고만 생각한다면 다시 생각해 보기 바랍니다. 나뭇잎 깍지만을 사용하여 깜짝 놀랄만한 멋진 무늬를 표현할 수 있습니다.
책에서는 나뭇잎 깍지를 이용한 두 가지의 짜는 방법을 설명하는데,
첫 번째는 간단한 기본 선을 이용해서 모양을 만드는 방법을 소개하고, 두 번째는 뾰족뾰족한 나뭇잎 모양을 짜는 방법을 소개합니다. 또한 두 가지 색상의 크림을 이용하면 시각적으로 재미있는 효과도 줄 수 있습니다.

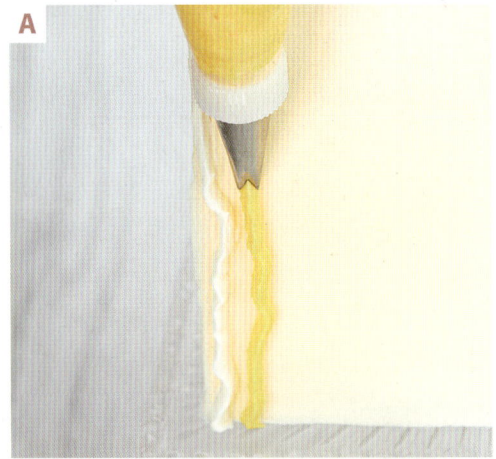

1. 첫 번째로 작은 나뭇잎 깍지(Wilton 352)를 사용해 깍지의 2개의 뾰족한 부분이 케이크 표면에 맞닿을 수 있게 위치를 잡아 줍니다. 짤주머니를 수직으로 세워 각도를 맞추고 위를 방향으로 크림을 살살 짜 줍니다 *(A)*. 선이 케이크 끝 모서리 부분에 왔을 때 짜는 것을 멈추고 짤주머니를 빠르게 떼어내 끝부분의 크림이 작게 짜지도록 합니다.

2. 1~2cm 간격으로 케이크 전체 둘레를 모두 반복해서 짜 주는데, 흰색과 노란색을 교차해서 짜 줍니다 *(B)*.

3. 두 번째 장식인 뾰족한 나뭇잎 모양으로 만들기 위해서는 먼저 케이크의 맨 위와 아래에서 2.5cm 되는 지점에 표시합니다. 케이크의 둘레를 잰 후 뒷 부분의 가운데 지점이 어디인지 표시하고, 두 부분으로 나누어 중간 부분에 다시 표시해 둡니다. 이 부분부터 시작하여 짤주머니를 20-30도의 각도로 잡아 5~6개의 작은 잎사귀를 수평적이면서 밑으로 계속해서 짜 줍니다. 이 과정을 반복하여 뒷부분의 중간 지점에 올 때까지 사이사이 공간이 생기지 않게 계속해서 짜 줍니다. 케이크의 나머지 반도 같은 방식으로 채워 줍니다 *(C)*.

tip

이번 챕터에서는 작은 나뭇잎 깍지(Wilton 352) 만을 사용하여 여러 종류의 모양을 짜보았습니다. 이렇게 크림을 짜 줄 때 짤주머니에 얼만큼의 힘을 주고 어떤 방향으로 짜주느냐에 따라 각기 다른 모양이 만들어집니다. 또한 마지막에 크림을 짠 후 짤주머니를 케이크에서 떼어내기 전에 힘주기를 멈춰야 하는 것을 잊지 마세요. 그렇지 않으면 길쭉하면서 웃긴 모양의 나뭇잎이 됩니다.

4. 큰 해바라기 모양 꽃을 만들기 위해서는 큰 나뭇잎 깍지(Wilton 366)를 사용해 꽃잎을 짜 줍니다 *(D)*. 중앙의 수술을 장식하기 위해서는 짤주머니의 끝을 잘라 크림을 뾰족하게 짜 줍니다. 더 자세한 내용은 '3. 꽃 파이핑하기(P73)'에 나와 있습니다.

케이크를 완성하기 위해…

- 15×13cm(밑단) 정사각형 케이크, 15×10cm(윗단) 원형 케이크
- 다월
- 버터크림 : 1.15−1.55kg
- 식용 페이스트 타입 색소 : 하얀색(Sugarflair Super White), 노란색(Sugarflair Melon and Autumn Leaf), 청록색(Sugarflair Eucalyptus) (Wilton사의 경우 색상표 확인, P189)
- 짤주머니
- 작은 나뭇잎 깍지(Wilton 352)
- 큰 나뭇잎 깍지(Wilton 366)
- 칵테일 스틱(이쑤시개)
- 자
- 가위

400−500g의 버터크림을 노란색으로, 150−250g의 버터크림을 청록색으로 나머지는 하얀색으로 섞어줍니다.
두 개의 케이크를 하얀색 버터크림으로 커버한 후 매끄럽게 마무리합니다(1. 버터크림 베이직의 커버링 케이크 참고, P28).
다월을 꽂아 케이크 받침대 또는 반죽으로 커버한 케이크 보드에 세팅합니다(1. 버터크림 베이직 참고, P13).
밑단 케이크는 노란색과 하얀색 크림을 이용하여 첫 번째로 해 보았던 선 모양으로 짜 줍니다.
윗단은 노란색 크림을 이용하여 두 번째로 해 보았던 나뭇잎 모양으로 짜 줍니다.
나뭇잎 파이핑을 시작한 첫 번째 열의 수직으로 남은 공간은 노란색 도트 파이핑을 이용하여
채워 줍니다(2. 파이핑 텍스처와 패턴의 도트 참고, P61).
나뭇잎을 짜준 윗쪽과 아래쪽 끝부분을 청록색 크림으로 돌아가며 도트를 만들고, 큰 나뭇잎 깍지(Wilton 366)를
이용하여 밑단 케이크의 모서리 쪽에 청록색으로 큰 해바라기 꽃을 짜 준 후 하얀색 크림을 이용하여
꽃의 중간 부분을 도트 모양으로 짜 줍니다(3. 꽃 파이핑하기의 해바라기와 잎 참고, P74).

쉘 파이핑과 플뢰르-드-리스

Shells and Fleur-de-lis

별 모양 깍지를 이용한 쉘 파이핑과 플뢰르-드-리스 테크닉은
그동안 케이크 보드를 장식하는데 많이 사용해 왔습니다.
하지만 이번 챕터에서는 여러 가지 색상과 패턴을 혼합하는 방법으로 올드한 느낌의 장식을
좀 더 현대적인 느낌의 세련된 장식으로 만드는 방법을 소개하겠습니다.

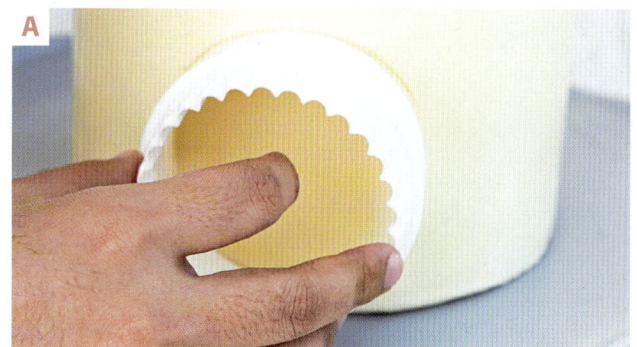

1. 기본적인 쉘 파이핑을 이용해 세련된 꽃 모양을 파이핑 해보겠습니다. 먼저 쿠키 커터나 유리컵을 이용하여 케이크 옆면에 살짝 눌러 동그란 모양의 표시를 해 줍니다 *(A)*.

2. 별 모양 깍지(Wilton 21)를 사용하여 동그란 선의 가장자리부터 시작해서 '쉘' 파이핑을 해 줍니다. 짤주머니를 케이크와 수직이 되도록 잡은 후 바깥쪽 선에 놓아 짤 준비를 합니다. 짤주머니에 힘을 주어 버터크림이 부채꼴 모양이 될 수 있게 짠 후 짤주머니를 살짝 올린 상태에서 동그란 선의 중심을 향해 아래쪽으로 힘을 점점 빼며 끝이 뾰족하게 되도록 짜 줍니다 *(B)*. 윤곽선 둘레를 따라 같은 방법으로 크림을 짜 줍니다. 같은 방법으로 다음 두 열을 짜 주되, 가운데로 갈수록 파이핑을 짧게 짜 줍니다 *(C)*.

 tip

여러 가지 사이즈의 별 모양 깍지를 사용하거나, '2. 파이핑 텍스쳐와 패턴'에서 나온 '업 앤 다운 투톤 테크닉(P47)'을 응용하여 더 다양한 효과를 줄 수 있습니다.

3. 플뢰르-드-리스 장식은 작은 별 모양 깍지(Wilton 16)를 사용하며 역방향으로 짜준 쉘 모양의 파이핑을 기준으로 시작합니다. 먼저 짤주머니를 케이크와 수직으로 잡고 크림을 아래로 말고 위로 향하게 짜 줍니다 (D). 그런 다음 쉘을 하나 더 짜 주는데 왼쪽에서 시작하여 중앙으로 둥글게 돌리며 가운데에서 만나게 짜 주고, 오른쪽도 같은 방법으로 짜 주어 양쪽 두 개의 끝 부분이 가운데에서 만나게 짜 주면 됩니다 (E).

케이크를 완성하기 위해…

- 15×15cm 원형 케이크
- 버터크림 : 1.55~2.05kg
- 식용 페이스트 타입 색소 :
  보라색(Sugarflair Grape Violet),
  밝은 주황색(Sugarflair Tangerine),
  주황색(Sugarflair Tangerine),
  진한 주황색(Sugarflair Tangerine)
  (Wilton사의 경우 색상표 확인. P189)
- 짤주머니
- 별깍지(Wilton 16 그리고 21)
- 식용 은색 구슬
- 족집게
- 케이크 받침대 또는 반죽으로 커버한 케이크 보드

400~500g의 버터크림을 보라색으로 섞고, 250~350g의 버터크림을 각각 연한 주황색, 주황색, 진한 주황색으로 섞고 남은 크림은 색을 섞지 않고 둡니다.
케이크 전체를 색을 섞지 않은 버터크림으로 커버한 후(1. 버터크림 베이직의 커버링 케이크 참고, P28) 케이크 받침대 또는 반죽으로 커버한 케이크 보드에 세팅합니다. 보라색 버터크림을 사용하여 케이크의 윗부분과 아랫부분에 블렌딩해 발라주고(4. 팔레트 나이프 테크닉의 블렌딩 참고, P114) 매끄럽게 마무리해 줍니다(1. 버터크림 베이직의 커버링 케이크 참고, P28).
케이크 표면의 가운데에 간격을 일정하게 하여 동그란 선을 표시한 후 책의 내용에 따라 섞어놓은 3종류의 주황색 크림으로 꽃을 짜 주고 가운데는 집게를 이용하여 식용 은색 구슬로 장식해 줍니다.
케이크 맨 밑단에서 1.5cm 올라간 위치까지 밑부분을 모두 플뢰르-드-리스 장식으로 짜 주고 가운데 부분은 은색구슬을 붙여 마무리합니다.

스크롤, 라인과 지그재그

Scrolls, Liens and Zigzags

이 기법은 특별한 도구가 필요 없이 짤주머니 하나만 있으면 됩니다. 우리는 이것을 '라인 아트'라고도 부르는데, 짤주머니로 곡선이나 직선을 짜 주면서 환상적인 장식을 만들기 때문입니다. 이 기법은 깔끔하고 부드럽고 심플한 느낌의 케이크에 장식하면 더 돋보이게 할 수 있습니다.

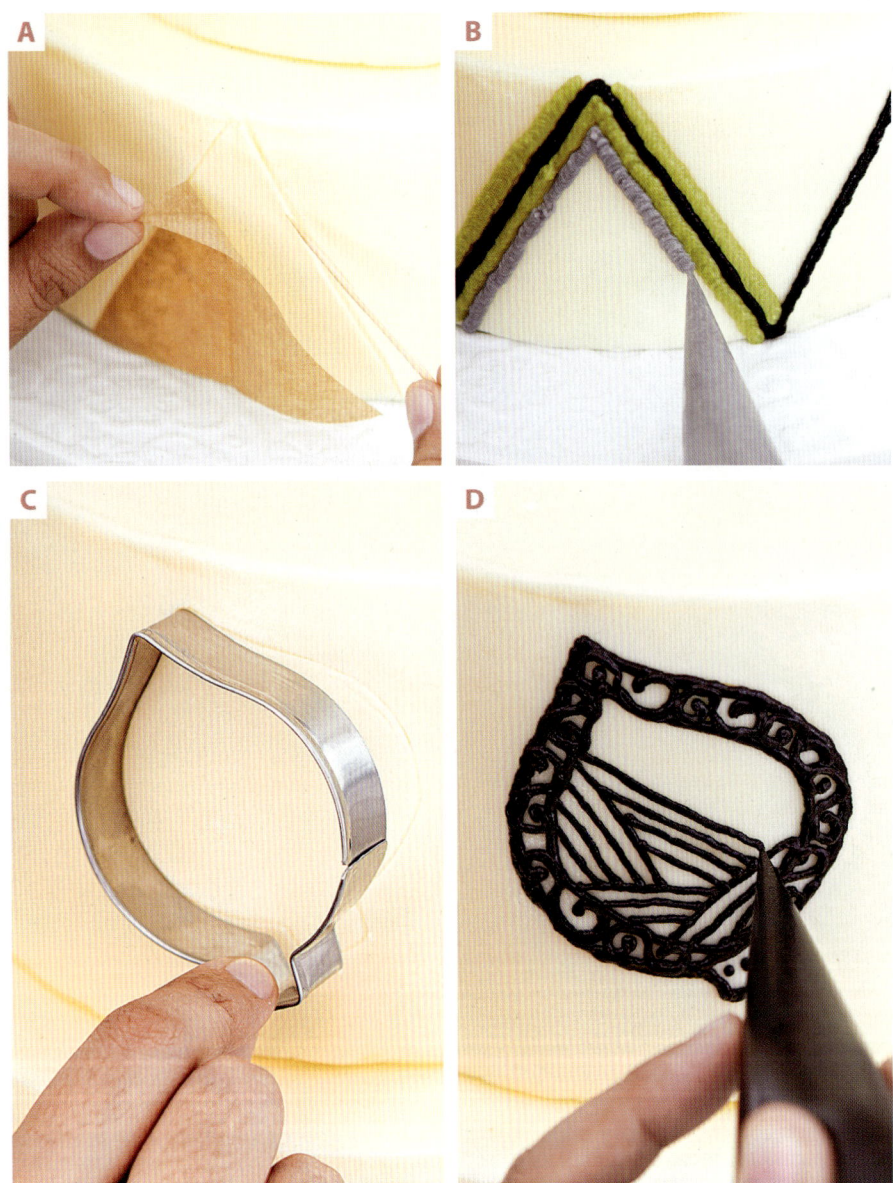

1. 유산지를 사용하여 원하는 모양을 그려 잘라 주는데 이번에는 케이크 표면에 같은 사이즈로 반복해서 모양을 내 줄 삼각형 모양을 만들어 칵테일 스틱(이쑤시개)을 이용하여 삼각형의 윤곽선을 그려 줍니다 (A).

2. 충분한 양의 여러 색깔의 버터크림을 각각 다른 짤주머니에 넣어주고 끝을 잘라 작은 구멍을 만들어 줍니다. 한 가지 색으로 삼각형 윤곽선 부분 전체를 파이핑합니다. 그런 다음 나머지 색을 사용하여 지그재그 라인으로 케이크를 모두 채울 때까지 선들을 짜 줍니다 (B).

3. 꽃잎 모양을 만들기 위해 꽃 모양 쿠키 커터를 사용하여 케이크 위에 모양을 찍어 줍니다 (C). 모양을 따라 크림을 짠 후 라인을 반복적으로 여러 개로 또 다른 방향으로 짜면서 안쪽을 채워 줍니다. 직선과 곡선 라인을 섞어 주는 것도 좋습니다 (D). 중심 모양을 모두 채운 후 메인 꽃 모양을 완성하기 위해 꽃 모양의 바깥쪽에 자유로운 파이핑으로 좀 더 큰 스크롤을 짜 줍니다.

케이크를 완성하기 위해…

- 15×15cm 원형 케이크(윗단), 20×7.5cm 원형 케이크(밑단)
- 버터크림 : 1.45-1.85kg
- 식용 페이스트 타입 색소 : 초록색(Sugarflair Gooseberry),
  회색(Sugarflair Liquorice), 검정색(Sugarflair Liquorice) (Wilton사의 경우 색상표 확인, P189)
- 다월
- 쿠키커터
- 자
- 유산지
- 칵테일 스틱(이쑤시개)
- 가위
- 케이크 받침대 또는 반죽으로 커버한 케이크 보드

600-700g의 버터크림을 초록색으로, 400-500g의 버터크림은 회색으로,
250-350g의 버터크림은 검정색으로 섞어줍니다.
윗단 케이크는 초록색으로 밑단은 회색으로 커버링 해 준 후, 아랫단의 라인을 파이핑 할 초록색과
회색 크림을 남겨두고 두 단의 표면을 매끄럽게 정리합니다(1. 버터크림 베이직의 커버링 케이크 참고, P28).
다월을 꽂아 케이크 받침대 또는 반죽으로 커버한 케이크 보드에 세팅합니다(1. 버터크림 베이직 참고, P13).
케이크 밑단의 둘레를 재 같은 크기의 삼각형으로 케이크 전체 둘레를 파이핑 할 수 있도록 삼각형 사이즈를
계산합니다. 케이크 표면에 삼각형 모양을 표시한 후 책의 내용대로 파이핑을 시작하되, 검정색을 사용하여
삼각형 윤곽선을 먼저 짜 주고 다시 나머지 색상을 사용하여 라인으로 케이크 표면 전체를 채워갑니다.
케이크 상단은 같은 방법을 이용하여 꽃 모양으로 라인을 짜 주고, 안쪽은 직선을 여러 개 짜서 채워 줍니다.
모양 사이에는 스크롤을 자유로운 모양으로 짜 주고, 도트 파이핑으로 윗단 케이크의 밑부분과 맨 밑단의 보드를 짜서
마무리합니다(2. 파이핑 텍스처와 패턴의 도트 참고, P61).

tip
같은 힘으로 짤주머니를 짜 주는 연습을 하기 위해서는
접시나 유리 같은 판에 미리 선을 그려 놓고 연습해 보길
추천합니다. 파이핑 하는 모양은 북쪽 예술의 '젠탱글(Zentangle)'
그리고 아즈텍 문양을 참고하면 색다른 모양의 영감을 얻을 수 있습니다.

3
piping
flower

꽃
파이핑하기

케이크 장식에 있어서 꽃 장식보다 더 인기 있는 건 없을 겁니다. 만들기가 다소 까다롭지만 버터크림을 이용하여 여러 종류의 꽃들을 꽃잎이나 나뭇잎의 세밀한 부분까지 제대로 살려서 만들어 낼 수 있습니다. 이 챕터에서는 가장 기본이 되는 장미에서부터 화려한 국화, 정원 분위기가 나는 작은 꽃다발까지 짤주머니 하나로 다양하게 연출하는 방법을 배워 봅니다.

해바라기와 잎

Sunflower and Leaves

활기차고 생기 넘치는 노란색 꽃잎의 해바라기는 꽃 자체만으로도,
또는 당신의 케이크 위에서 보여지는 것 만으로도 여러분의 하루를 즐겁게 만들 수 있는 꽃입니다.
만드는 방법도 쉽고, 컵케이크나 큰 케이크 모두에 똑같이 장식할 수 있어 좋습니다.
초록색 잎 몇 개를 함께 짜 주면 노란색 꽃잎이 보다 화사하게 보이는데,
이 챕터에 나와있는 방법으로 만든 잎은 어떠한 꽃 디자인에도 함께 사용할 수 있습니다.

해바라기 꽃 Sunflower

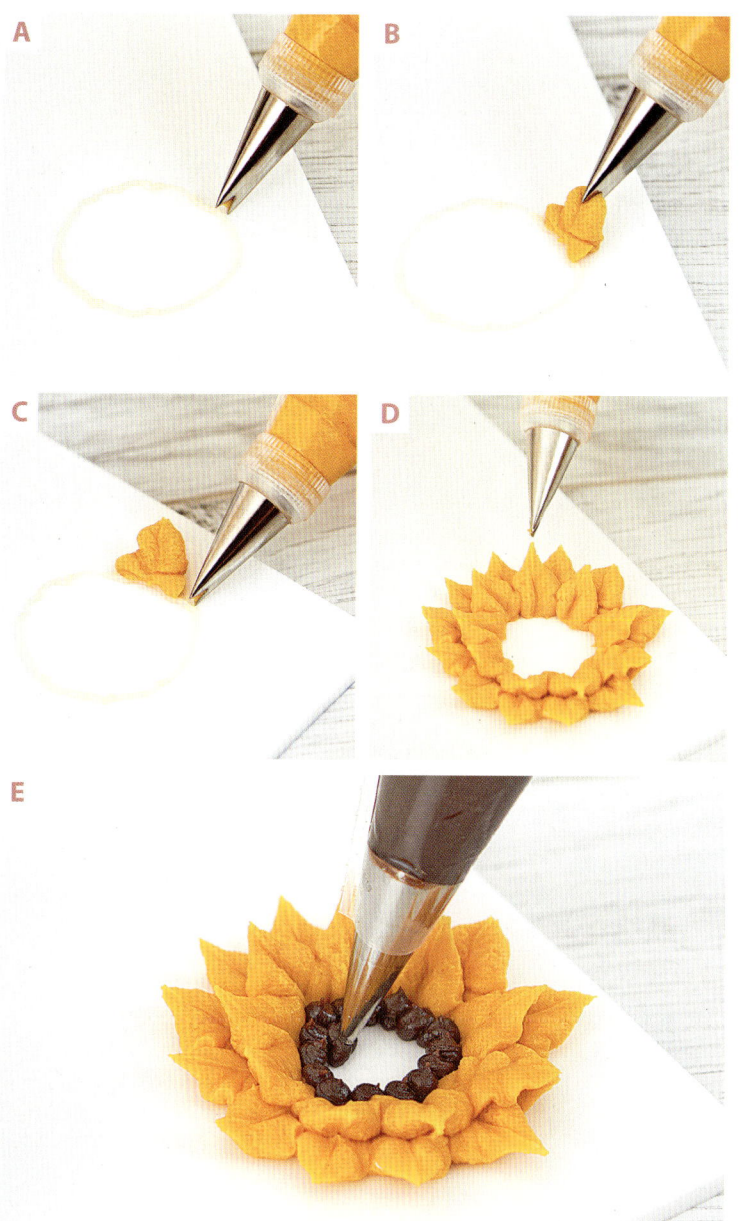

1. 글씨 깍지를 사용하여 꽃의 전체적인 사이즈가 될 수 있는 원을 그려놓습니다 (A).

2. 작은 나뭇잎 깍지(Wilton 352)를 20-30도 정도로 기울여서 뾰족한 부분의 한 곳을 방금 그린 선 위에 놓습니다. 짤주머니에 힘을 주어 잎의 넓은 부분을 만들어 준 후 천천히 짤주머니에 주는 압력을 줄이며 바깥쪽으로 움직입니다 (B).

3. 원하는 잎의 길이가 되면 짜는 것을 멈추고 짤주머니를 떼어냅니다. 그린 원의 전체를 돌아가며 동일한 방법으로 잎을 짜 줍니다 (C).

4. 두 번째 꽃잎 층은 처음보다 좀 더 경사진 각도로 기울여 작업합니다(30-40도). 이 때 처음 만들어 놓은 꽃잎과의 사이에 공간이 생기지 않게 합니다. 가장 좋은 방법은 첫 번째 층에 짠 꽃잎 사이에 꽃잎들이 서로 엇갈리게 짜 주는 방법입니다 (D). 그리고 마지막으로 갈색 버터크림으로 꽃 가운데에 작은 도트를 짜 주면 됩니다 (E).

tip
꽃 가운데 장식에는 오레오 쿠키나 초콜릿 가루, 또는 이와 비슷한 재료로도 사용 가능합니다.

해바라기는 버터크림 데코레이션을 시작할 때 첫 번째로 배웠던 꽃이었고, 단순하면서도 돋보이는 스타일로 가장 좋아하는 꽃 중의 하나입니다. 컵케이크에는 꽃 한 개나 또는 두 개를 함께 장식해도 좋습니다.
컵케이크에 볼륨감 있게 솟아오른 효과를 주려면 컵케이크 중간에 색을 섞지 않은 버터크림을 동그랗게 짜준 후 두 개의 꽃을 서로 반대 방향으로 짜 주면 됩니다. 해바라기 꽃 장식은 케이크와 함께 장식하면 마치 반 고흐의 자화상 같은 훌륭한 작품을 완성할 수 있습니다. 이 챕터의 뒷부분에 나와있는 '컵케이크 부케'를 보면 해바라기들이 함께 모여 얼마나 멋진 효과를 줄 수 있는지 확인할 수 있습니다.

Sunflower

잎 Leaves

A

B

C

D

1. 작은 잎 깍지(Wilton 352)를 사용하여 꽃잎 만들기와 같은 방법으로 만들면 됩니다. 꽃잎의 바깥 층 아래쪽에 깍지를 20-30도 기울여 위치를 잡습니다 *(A)*.

2. 깍지에 힘을 주어 잎의 넓은 부분을 먼저 만들어 준 후 천천히 바깥쪽으로 짜 줍니다 *(B)*.

3. 해바라기 꽃잎의 길이와 같은 정도로 원하는 길이로 짜 주었다면 짤주머니를 재빨리 떼어냅니다 *(C)*.

4. 꽃잎 사이의 공간에 계속해서 잎을 짜 줍니다 *(D)*.

케이크를 완성하기 위해…

- 20×10cm 원형 케이크 또는 컵케이크 12개
- 버터크림 : 500-750g
- 식용 페이스트 타입 색소 : 노란색(Sugarflair Melon and Autumn Leaf), 갈색(Sugarflair Chestnut), 모카색(Sugarflair Dark Brown), 초록색(Spruce Green)
  (Wilton사의 경우 색상표 확인, P189)
- 짤주머니
- 케이크 받침대 또는 반죽으로 커버한 케이크 보드
- 작은 나뭇잎 깍지(Wilton 352)
- 글씨 깍지 1 또는 2(선택)

사진이나 그림을 이용하여 꽃들을 어떻게 배치해야 전체적으로 조화로울지 먼저 계획합니다. 버터크림으로 커버한 후 매끄럽게 마무리 하고(1. 버터크림 베이직의 커버링 케이크 참고, P28). 다월을 꽂아 케이크 받침대 또는 반죽으로 커버한 케이크 보드에 세팅합니다. 200-300g의 버터크림을 노란색으로 섞고, 100-150g의 버터크림을 각각 갈색, 모카색, 초록색으로 섞어 놓습니다. 책의 내용대로 해바라기와 잎들을 짜준 후 글씨 깍지를 이용해 초록색으로 줄기를 짜 줍니다.

동백꽃과 수국

Camellia and Hydrangea

동백꽃과 수국은 케이크나 컵케이크에 바로 파이핑 할 수 있고, 같은 파이핑 원리로 짤 수 있습니다. 동백꽃은 적은 양의 버터크림으로 놀랄만한 결과를 보여줄 수 있는 꽃이고, 수국은 작은 꽃들 하나하나가 모여 멋진 하나의 풍성한 다발을 만들어 냅니다.

동백꽃 Camellia

tip
꽃잎을 만들어 줄 때에는 올바른 각도로 짤주머니를 잡는 게 가장 중요합니다. 항상 이 세가지 단어를 기억하세요: 짜기… 멈추기… 당겨주기

1. 원하는 크기로 꽃 사이즈가 될 원을 그려 줍니다. 작은 꽃잎 깍지(Wilton 104)를 사용하여 깍지의 넓은 부분을 원의 가장자리에 놓습니다. 짤주머니를 20-30도 기울여 움직이지 말고 부채 모양이 될 때까지 크림을 짜 줍니다. 부채 모양이 되면 힘을 멈추고 짤주머니를 천천히 자신의 방향으로 당겨줍니다. 이 꽃잎을 시작으로 꽃의 가장 바깥이 되는 부분을 짜 줍니다 *(A)*.

2. 같은 방법으로 다음 층의 꽃잎을 짜 줍니다 *(B)*. 첫 번째 층과 간격이 없도록 주의하며 짜 줍니다. 꽃잎의 사이즈에 따라 겹쳐서 몇 층을 더 짜주어도 됩니다.

3. 초록색 버터크림으로 가운데에 도트를 짜준 후 실제 같은 느낌을 위해 다시 노란색 크림으로 가장 중간 부분을 짜 줍니다 *(C)*.

4. 나뭇잎 깍지를 사용해 잎을 몇 개 짜 줍니다(3. 꽃 파이핑하기의 해바라기와 잎 참고, P74) *(D)*.

꽃을 주제로 컵케이크를 만들 때 컵케이크 유산지의 대체 용품으로 실리콘 화분을 추천합니다. 실리콘 화분은 대형 온라인 몰에서 구입할 수 있는데, 조금 더 '정원' 같은 느낌을 살릴 수 있습니다. 컵케이크 표면을 깔끔하게 마무리 하지 않고, 꽃이 놓일 부분의 가장자리에 러플을 파이핑해 줍니다(2. 파이핑 텍스처와 패턴 참고, P43). 러플의 색상은 꽃의 색상과 어울리는 것으로 선택하되, 보통은 밝은 초록색이 잘 어울립니다.

수국 Hydrangea

tip
수국을 만드는 것은 어렵지 않습니다. 네 개의 꽃잎을 중간의 한 지점에서 연결해주기만 하면 됩니다. 더욱 실제 꽃과 같은 효과를 주기 위해서는 투톤 효과를 이용하세요(2. 파이핑 텍스처와 패턴의 업 앤 다운 투톤 러플 참고, P47). 그리고 잊지 마세요: 짜기…멈추기…당겨주기!!

1. 짤주머니를 두 가지 색상의 버터크림으로 채워놓습니다(2. 파이핑 텍스처와 패턴의 업 앤 다운 투톤 러플의 투톤 효과 참고, P47). 작은 꽃잎 깍지(Wilton 103)를 깍지의 넓은 부분을 20–30도 각도로 기울여 바닥에 놓은 후 부채 모양이 나올 때까지 크림을 짜 줍니다. 짤주머니에 힘을 주는 것을 멈추고 천천히 자신의 방향으로 당겨줍니다 **(A)**.

2. 같은 방법으로 꽃잎 3장을 더 짜 주되 모든 꽃잎은 한 지점에서 시작해서 만들도록 합니다 **(B)**.

3. 꽃을 여러 개 짜 주어 수국 한 다발을 만들어 줍니다. 초록색 크림으로 꽃의 가운데에 도트를 짜 줍니다 **(C)**.

4. 나뭇잎 깍지를 사용하여 잎을 만듭니다(3. 꽃 파이핑하기의 해바라기와 잎 참고, P74) **(D)**.

케이크를 완성하기 위해…

- 15×13cm 정사각형 케이크
- 버터크림 : 1.45-2.05kg
- 페이스트 타입 식용 색소 : 밝은 노랑-초록색(Sugarflair Melon and Gooseberry), 밝은 파란색(Sugarflair Baby Blue), 밝은 초록색(Sugarflair Gooseberry), 주황색(Sugarflair Egyptian Orange), 노란색(Sugarflair Autumn Leaf)
  (Wilton사의 경우 색상표 확인, P189)
- 짤주머니
- 꽃잎 깍지(Wilton 103과 104).
- 사이드 스크래퍼 또는 자
- 가위
- 케이크 받침대 또는 반죽으로 커버한 케이크 보드

크림 코팅한 케이크를(1. 버터크림 베이직 참고, P13) 케이크 받침대 또는 반죽으로 커버한 케이크 보드에 세팅합니다. 500-600g의 밝은 노랑-초록색 버터크림으로 커버한 후 매끄럽게 마무리해 줍니다(1. 버터크림 베이직의 커버링 케이크 참고, P28). 남은 버터크림으로 다음과 같이 색을 섞어 놓습니다: 150-250g의 밝은 파란색, 밝은 초록색과 노란색으로 각각 섞어주고 250-350g의 버터크림은 색을 섞지 않고 남겨둡니다. 책의 내용대로 동백꽃을 오렌지색 크림으로 케이크의 코너에 파이핑해 준 후 노란색으로 중간에 도트를 짜 줍니다. 수국은 밝은 파란색과 색을 섞지 않은 버터크림으로 케이크 윗부분의 가장자리와 코너 쪽에 짜 주고 초록색 크림으로는 꽃 가운데에 도트를 짜 줍니다. 노란색 버터크림으로 케이크 밑부분의 모서리를 따라 쉘 파이핑해 주며 마무리를 합니다(2. 파이핑 텍스처와 패턴의 쉘 파이핑과 플뢰르-드-리스, P66).

카네이션과 스위트피

Carnation and Sweet Pea

카네이션과 스위트피는 짤주머니를 이용하여 쉽게 만들 수 있는 종류의 꽃들입니다.
두 꽃 모두 케이크 데코레이션에 자주 사용하고, 큰 사이즈의 케이크와 컵케이크 모두에 잘 어울립니다.
스위트피는 스월 파이핑을 조금 다른 느낌으로 짜 주길 원할 때 쓸 수 있는 좋은 방법이고,
좀 더 정교하게 꽃들을 장식하기 원할 때 공간을 채워줄 수 있는 장식으로도 유용하게 사용됩니다.

카네이션 Carnation

1. 투톤 효과를 주기 위해 원하는 두 가지 색을 각각 따로 담아(2. 파이핑 텍스처와 패턴의 업 앤 다운 투톤 효과 참고, P47). 짤주머니(작은 꽃잎 깍지, Wilton 104가 끼워진)에 담습니다. 이때 가장자리의 라인이 될 색깔의 크림이 깍지의 뾰족한 부분에 넣어질 수 있게 합니다.

2. 글씨 깍지를 사용하여 꽃잎의 크기가 되는 원을 색을 섞지 않은 버터크림으로 그려 줍니다. 짤주머니를 20-30도의 각도로 잡고 깍지의 넓은 부분을 선의 가장자리에 놓고 *(A)*. 짤주머니를 가볍게 위, 아래로 움직이며 연속해서 크림을 짜 주어 주름 장식을 만들어 줍니다. 원을 따라 동그랗게 꽃잎의 가장자리 열을 짜 줍니다 *(B)*.

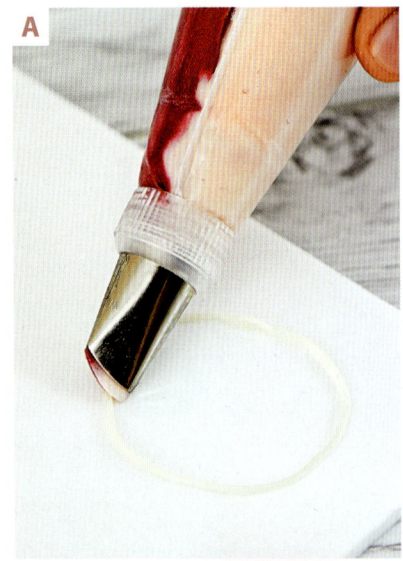

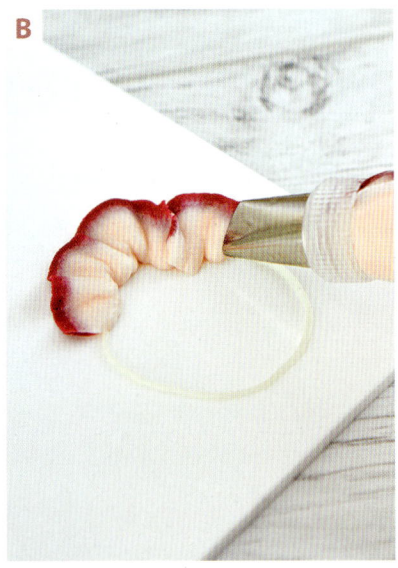

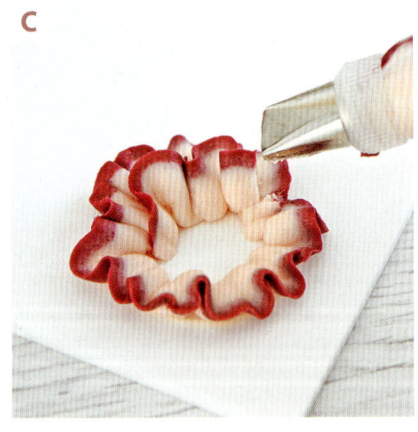

3. 짤주머니를 30-40도의 각도로 잡고 첫 번째 꽃잎 열의 안쪽에 또 하나의 열을 짜 줍니다 *(C)*.

4. 꽃이 돔 형태가 되도록 같은 작업을 반복하여 가운데 쪽으로 몇 개의 열을 더 짜 줍니다 *(D)*.

tip
카네이션은 버터크림이 많이 들어가기 때문에 무게를 지탱할 수가 없어 케이크 옆면 장식에는 추천하지 않습니다. 그 대신 케이크의 떠리, 아랫부분 또는 편평한 표면 위에 장식하는 것을 추천합니다.

주름이 가득한 카네이션의 투톤 꽃잎은 컵케이크를 위한 완벽한 장식이고 기본 스월 파이핑보다 더 멋진 장식을 할 수 있습니다. 분홍색 유산지에 구운 컵케이크를 빈티지한 느낌의 접시에 올려 놓으면 한층 더 돋보일 수 있습니다. 색상은 갖고 있는 그릇과 맞춰서 만들어도 좋습니다. 컵케이크에 꽃을 파이핑하기 전에 분홍색 크림으로 컵케이크 가장자리에 러플 장식을 파이핑한 후(2. 파이핑 텍스처와 패턴 참고, P43) 잎을 짜 주어 마무리를 합니다(3. 꽃 파이핑하기의 해바라기와 잎 참고, P74).

스위트피 Sweet Pea

A

B

C

D

1. 작은 꽃잎 깍지(Wilton 104)를 이용해 짤주머니를 20~30도의 각도로 잡고 깍지의 넓은 쪽 부분이 케이크나 컵케이크 표면에 닿도록 짤주머니를 놓아줍니다. 깍지를 안정되게 잡은 후 적절하게 힘을 주어 부채 모양으로 꽃잎을 짜 줍니다 (A).

2. 첫 번째 꽃잎 다음에 같은 방법으로 두 번째 꽃잎을 짜 주는데 두 꽃잎이 겹치지 않게 충분한 공간을 두어 만들어 줍니다 (B).

3. 방금 짠 큰 꽃잎의 아래쪽에 두 개의 작은 꽃잎을 짜 줍니다 (C).

4. 글씨 깍지 1 또는 2호를 사용하여 초록색 버터크림으로 줄기와 꽃받침을 짜 줍니다. 파이핑 백의 끝을 조금 잘라 사용해도 좋습니다 (D).

tip
글씨 깍지가 없을 경우에는 짤주머니의 끝을 가위로 아주 조금 잘라 사용할 수 있습니다.

케이크를 완성하기 위해…

- 15×10cm 원형 케이크(밑단), 10×7.5cm 원형 케이크(맨 윗단) 또는 12개의 컵케이크
- 버터크림 : 1.1~1.7kg
- 페이스트 타입 식용 색소 : 진한 분홍색(Sugarflair Claret), 연한 초록색(Sugarflair Gooseberry), 진한 초록색(Sugarflair Spruce Green)
(Wilton사의 경우 색상표 확인, P189)
- 짤주머니
- 케이크 받침대 또는 반죽으로 커버한 케이크 보드
- 작은 꽃잎 깍지(Wilton 104)
- 작은 잎 깍지(Wilton 352)
- 글씨 깍지 1 또는 2
- 가위

크림 코팅한 케이크를 다월을 꽂아 케이크 받침대 또는 반죽으로 커버한 케이크 보드에 세팅합니다(1. 버터크림 베이직 참고, P13). 색을 섞지 않은 버터크림 200~300g으로 맨 윗단 케이크를 커버하고, 연한 초록색 버터크림 300~400g으로 밑단 케이크를 커버한 후 매끄럽게 마무리해 줍니다(1. 버터크림 베이직의 커버링 케이크 참고, P28).

밑단 케이크는 연한 초록색 크림을 이용하여 세로 선으로 도트를 짜 줍니다(2. 파이핑 텍스처와 패턴의 도트 참고, P61).

100~200g의 버터크림은 진한 분홍색으로, 200~300g의 버터크림은 진한 초록색으로 섞어준 후 책의 내용에 따라 윗단에 스위트피 꽃을 파이핑 합니다.

투톤 효과를 위해 100~200g의 진한 분홍색과 200~300g의 색을 섞지 않은 크림을 짤주머니에 넣고 케이크 맨 윗부분에 커다란 카네이션을 만듭니다. 남은 진한 초록색 버터크림을 이용하여 카네이션 꽃 주위에 잎을 만들어 마무리합니다(3. 꽃 파이핑하기의 해바라기와 잎 참고, P74).

라일락과 데이지

Lilac and Daisy

라일락은 케이크의 가장자리에 장식하면 잘 어울리고 케이크의 결점도 숨길 수 있는 장점도 있습니다. 데이지는 심플한 느낌이 좋고 짜기도 쉬우며 커다란 소용돌이 모양의 파이핑과 뾰족한 픽 파이핑을 대체할 수도 있습니다.

라일락 Lilac

1. 작은 꽃잎 깍지(Wilton 104)를 이용해 깍지의 넓은 쪽 부분을 아랫쪽에 놓고 짤주머니를 20-30도로 기울여 자리를 잡아줍니다 *(A)*. 짤주머니에 같은 압력을 주며 가운데에 공간이 남지 않도록 U-모양으로 작은 꽃잎 모양으로 짜 줍니다 *(B)*.

2. 같은 방법으로 3개의 꽃잎을 더 짜 줍니다. 모든 꽃잎이 같은 지점에서 시작해서 짜도록 하고 꽃잎 사이에는 공간이 생기지 않게 합니다 *(C)*.

3. 노란색 버터크림으로 짤주머니를 만든 후 주머니의 끝을 조금 잘라 꽃의 가운데에 도트를 짜 줍니다 *(D)*.

4. 나뭇잎 깍지를 사용하여 잎을 짜 줍니다(3. 꽃 파이핑하기의 해바라기와 잎 참고, P74) *(E)*.

tip

'2. 파이핑 텍스쳐와 패턴'의 러플 장식에 나온 '투톤 효과(P47)'를 이용해 보세요. 이 꽃들은 소량의 버터크림을 사용하기 때문에 무겁지 않고 케이크의 옆면에도 파이핑 할 수 있습니다. 꽃을 파이핑 할 때 힘을 주고 누르듯이 짜 주어 케이크에 잘 부착이 될 수 있게 합니다.

달콤하고 예쁜 라일락과 데이지는 빈티지한 느낌의 작은 부케를 만드는 사랑스러운 조합입니다. 데이지 꽃 한 개만 이용하거나 두 가지 꽃 모두를 함께 장식해 컵케이크를 꾸며보세요. 심플하게 이 두 꽃만으로도 많은 양의 컵케이크를 장식할 수 있어, 많은 손님이 오는 파티를 준비할 때도 짧은 시간 안에 메인 케이크와 함께 테이블을 꾸미는데 좋습니다. 라일락과 데이지 생화를 이용하여 같이 테이블을 꾸며보는 것은 어떨까요? 아마 더 멋진 효과가 나타날 거예요!

데이지 Daisy

1. 작은 원을 파이핑한 후 작은 꽃잎 깍지(Wilton 104)를 사용하여 깍지의 넓은 부분이 자신을 향하게 한 후 케이크 표면의 원형 라인에 깍지를 눕혀서 놓아줍니다. 계속해서 파이핑 백을 일정한 힘으로 누르며 U-자 모양으로 짜 줍니다. 작은 꽃잎 모양이 될 때까지 'U'자의 가운데 부분에 공간이 생기지 않게 짜 줍니다.

2. 반복해서 더 많은 꽃잎을 짜 주되 (A) 꽃잎 사이에 공간이 없게 조금씩 서로 겹치게 만들고, 끝 부분이 모두 한 지점에서 만날 수 있게 짜 줍니다. 동그랗게 전체를 모두 돌려 짜 줍니다 (B).

3. 꽃잎 중앙에 수술을 만들어 주기 위해 노란색 버터크림이 든 짤주머니의 끝을 조금 잘라 소용돌이 모양으로 돌려가며 가운데가 봉긋하게 솟아 오른 돔 모양으로 짜 줍니다 (C).

4. 나뭇잎 깍지를 사용하여 잎을 장식합니다 (3. 꽃 파이핑하기의 해바라기와 잎 참고, P74) (D).

tip
데이지를 만들기 위해서는 깍지가 케이크 표면에 완벽하게 수평이 되고, 꽃의 중앙에서 시작해야 합니다. 기억해 두세요: 찢기, 위 그리고 아래! 꽃의 수술을 위해서는 돔 모양으로 파이핑을 하거나 초콜릿이나 캔디를 이용해도 좋습니다.

A

B

C

D

케이크를 완성하기 위해…

- 15×10cm 원형 케이크
- 버터크림 : 1.3-2kg
- 식용 페이스트 타입 색소 :
  밝은 밤색(Sugarflair Chestnut),
  진한 밤색(Sugarflair Chestnut),
  보라색(Sugarflair Grape Violet),
  밝은 초록색(Sugarflair Gooseberry),
  주황색(Sugarflair Egyptian Orange),
  노란색(Sugarflair Autumn Leaf)
  (Wilton사의 경우 색상표 확인, P189)
- 짤주머니
- 작은 꽃잎 깍지(Wilton 104)
- 나뭇잎 깍지(Wilton 352)
- 팔레트 나이프
- 가위
- 케이크 받침대 또는 반죽으로 커버한 케이크 보드

케이크를 크림 코팅한 후(1. 버터크림 베이직 참고, P13) 케이크 받침대 또는 반죽으로 커버한 케이크 보드에 세팅합니다. 300-400g의 밝은 밤색 크림으로 커버한 후 100-200g의 진한 밤색 버터크림과 팔레트 나이프를 이용하여 줄무늬 효과를 줍니다(4. 팔레트 나이프 테크닉의 블렌딩 참고, P114). 남은 버터크림을 다음과 같이 색을 섞어 놓습니다: 150-250g의 보라색, 밝은 초록색, 노란색 그리고 250-350g의 주황색 크림으로 섞고, 남은 200-300g은 색을 섞지 않고 남겨 놓습니다.

먼저 색을 섞지 않은 버터크림으로 데이지를 파이핑한 후 노란색으로 가운데를 파이핑하고 보라색으로는 라일락 꽃을 파이핑한 후 가운데는 주황색으로 파이핑해 줍니다. 꽃 사이에는 밝은 초록색으로 잎을 짜 줍니다(3. 꽃 파이핑하기의 해바라기와 잎 참고, P74).

국화와 수선화

Chrysanthemum and Daffodil

국화는 생기 있는 색상과 꽃의 모양으로 잘 알려져 있고 더 선명하고 도드라지는 장식 효과를 줄 수 있습니다. 반복적인 파이핑 기법으로 놀랄 만한 결과물을 보여 줄 수 있는 꽃 중의 하나이고, 수선화는 유명해서 봄 시즌의 케이크에 가장 잘 어울리는 꽃입니다. 국화의 수술 장식 '트럼펫' 부분을 제외하고는 파이핑하기도 쉬운 꽃입니다.

국화 Chrysanthemum

1. 둥근 원을 그려 꽃의 크기를 정한 다음 국화 깍지(Wilton 81)를 사용하여 짤주머니를 20~30도 각도로 잡고 둥근 원의 바깥 방향으로 깍지의 위치를 잡습니다. 짤주머니를 일정한 힘을 주어 원하는 꽃잎의 길이(5mm)가 나올 때까지 크림을 짜 줍니다. 반복해서 꽃잎을 짜 주어 한 층을 모두 짜 줍니다 *(A)*.

2. 같은 방법으로 두 번째 층의 꽃잎을 더 만들어 주며 첫 번째 줄에 짜준 꽃잎의 사이사이에 두 번째 줄의 꽃잎이 위치하도록 짜 줍니다 *(B)*.

3. 가운데 수술을 장식하기 위해 색을 섞지 않은 크림을 짤주머니에 넣어 끝을 조금 잘라줍니다. 짤주머니를 90도로 잡아 당기듯 수직으로 짜 주고, 약간 길게 크림이 짜지면 짤주머니를 재빨리 떼어냅니다 *(C)*.

4. 나뭇잎 깍지를 사용하여 잎을 장식합니다 (3. 꽃 파이핑하기의 해바라기와 잎 참고, P74).

tip
꽃잎들을 만들 때 사이사이에 공간이 생기지 않게 주의합니다. 이 꽃은 케이크 옆면에 장식할 수 있는데 너무 크게 만들면 무게로 인해 장식이 떨어질 수 있으니 크게 만들지 않도록 합니다.

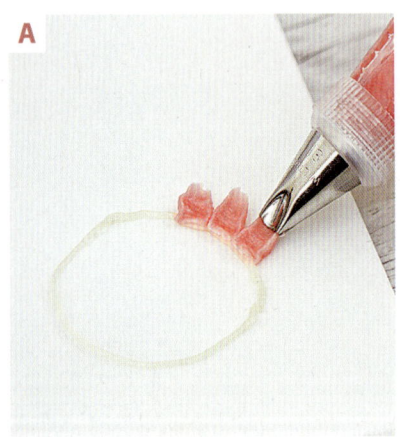

A

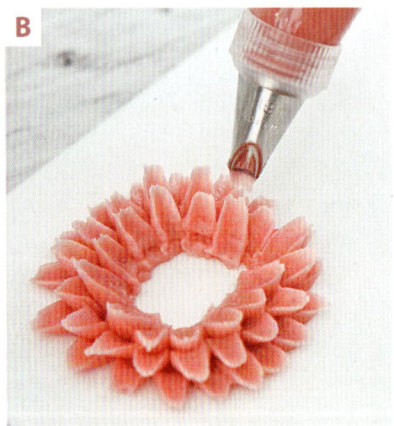

B

C

D

수선화는 봄을 알리는 꽃이고 국화는 여름의 끝자락에 만발하기에 이 두 꽃은 서로 다른 계절에 피는 꽃입니다. 하지만 여러분이 원한다면 얼마든지 함께 데코레이션 할 수 있습니다. 보통은 따뜻한 느낌의 수선화와 강렬한 컬러의 국화가 예쁜 도트 무늬 유산지가 끼워진 컵 위에 함께 놓여졌을 때 잘 어울리지 않는다고 생각해도 말이죠. 이 두 꽃은 꽃이 커질수록 더 예뻐 보입니다. 왜냐하면 이 꽃들은 꽃잎이 커질수록 모양이 도드라져 보이기 때문입니다. 국화 깍지는 여러 가지 사이즈가 있으므로 다양하게 모두 사용해 보기 바랍니다.

수선화 Daffodil

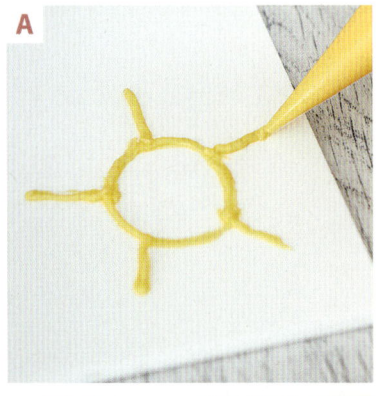

A

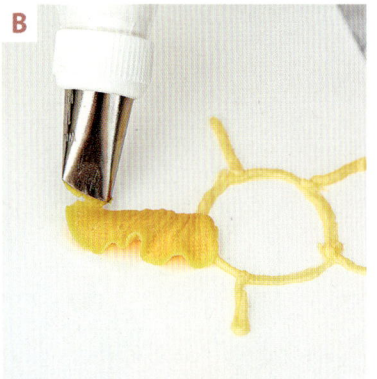

B

C

D

E

케이크를 완성하기 위해…

- 20×10cm 원형 케이크(밑단), 15×10cm 원형 케이크(윗단)
- 다월
- 버터크림 : 1.8~2.5kg
- 식용 페이스트 타입 색소 : 밝은 노란색(Sugarflair Melon and Autumn Leaf), 중간 단계의 노란색(Sugarflair Melon and Autumn Leaf), 분홍색(Sugarflair Pink), 주황색(Sugarflair Egyptian Orange), 밝은 초록색(Sugarflair Gooseberry), 진한 노란색(Sugarflair Autumn Leaf), 진한 초록색(Sugarflair Spruce Green) (Wilton사의 경우 색상표 확인, P189)
- 짤주머니
- 꽃잎 깍지(Wilton 104)
- 나뭇잎 깍지(Wilton 352)
- 국화 깍지(Wilton 81)
- 조개 모양의 케이크 콤
- 가위
- 케이크 받침대 또는 반죽으로 커버한 케이크 보드

크림 코팅한 케이크에 다월을 꽂아 케이크 받침대 또는 반죽으로 커버한 케이크 보드에 세팅합니다(1. 버터크림 베이직 참고, P13). 600~700g의 노란색 버터크림으로 커버한 후 표면을 매끄럽게 마무리 하고 밑단 케이크는 케이크 콤을 이용하여 무늬를 줍니다(1. 버터크림 베이직의 커버링 케이크 참고, P28). 남은 버터크림을 이용하여 250~350g의 중간 단계의 노란색, 분홍색, 주황색을 각각 섞어주고 150~250의 밝은 초록색, 진한 초록색, 진한 노란색으로도 각각 섞어 놓습니다. 책의 내용에 따라 중간 단계의 노란색과 진한 노란색으로 수선화를 짜 주고, 주황색과 분홍색으로 국화를 짜 줍니다. 밝은 초록색으로 줄기를 짜 주고, 진한 초록색으로 잎을 만듭니다(3. 꽃 파이핑하기의 해바라기와 잎 참고, P74).

1. 동그란 원을 파이핑한 후 꽃잎을 균등하게 파이핑하기 위해 몇 군데에 표시를 해 줍니다 **(A)**.

2. 작은 꽃잎 깍지(Wilton 104)를 사용하여 깍지의 넓은 쪽을 아래로 가게 한 후 짤주머니를 20~30도의 각도로 잡아 자리를 잡아줍니다. 짤주머니에 계속해서 힘을 주며 깍지를 위쪽으로 움직이며 짜 주다가 **(B)** 오른쪽으로 꺾어 긴 꽃잎을 만들 수 있도록 아래로 다시 짜 줍니다 **(C)**. 중간에는 빈 공간이 생기지 않도록 주의하며 이 과정을 반복해 5개에서 6개의 꽃잎을 짜 줍니다.

3. 진한 오렌지 색상의 버터크림을 짤주머니에 담아 끝 부분을 조금 자른 후 꽃의 중간에 1~1.5cm 길이의 소용돌이 모양이 겹치게 짜 줍니다 **(D)**.

4. 나뭇잎 깍지를 사용하여 잎을 짜 줍니다(3. 꽃 파이핑하기의 해바라기와 잎 참고, P74) **(E)**.

tip
수선화 꽃잎을 짤 때 긴 'U'자 형태로 가운데 공간이 생기지 않게 짜 주세요. 5개의 꽃잎을 짜 주어야 수선화 모양처럼 만들어 낼 수 있습니다.

장미와 장미 봉오리

Rose and Rose Bud

장미는 언제나 가장 인기 있는 꽃 중의 하나입니다. 종종 사랑의 상징으로 묘사되기도 하면서 모든 사람에게 사랑받는 꽃입니다. 장미꽃 하나로도 멋진 컵케이크나 케이크가 완성될 수 있습니다. 얼마나 많은 장미를 만들어야 장미 부케가 표현될까요? 충분한 연습으로 실제 같은 모양의 버터크림 장미를 장식해 깜짝 놀랄만한 멋진 효과를 내보기 바랍니다.

장미 Rose

1. 컵케이크에 직접 장미를 짜려면 베이스 파이핑 없이 봉오리를 직접 짜 줍니다. 꽃잎 깍지 (Wilton 104)를 사용해 깍지의 넓은 부분이 표면에 닿도록 한 후 깍지를 살짝 안쪽으로 기울여 수직으로 놓아줍니다. 계속해서 짤주머니에 동일한 압력으로 힘을 주며 컵케이크를 시계 방향으로 돌려 시작점과 끝점이 서로 만날 때까지 짜 줍니다 *(A)*. 봉오리의 가운데는 아주 작은 구멍만 만들어 질 수 있도록 주의합니다.

2. 깍지를 살짝 안으로 기울인 상태에서 아치 모양으로 꽃잎을 만듭니다(컵케이크를 돌려주며 짜 줍니다). 봉오리 주위로 짜 주되, 꽃잎이 떨어지지 않게 봉우리를 살짝 눌러주듯 만들어 주고 봉우리와 꽃잎 사이에 공간이 생기지 않게 합니다. 각각의 꽃잎은 직전에 짠 꽃잎의 중간 부분부터 시작하여 서로 조금씩 겹치게 짜 줍니다. 약 2–4개의 짧은 꽃잎을 만듭니다 *(B)*.

3. 꽃봉오리와 그 주변에 꽃잎을 몇 개 장식했다면 깍지를 수직으로 세워 좀 더 길고 높은 꽃잎 2–4개를 아치 형태로 짜 줍니다 *(C, D)*. 마지막 꽃잎을 짤 때에는 깍지를 바깥쪽으로 기울여 조금 더 긴 형태의 아치 모양으로 짜 줍니다. 약 4–6개의 꽃잎을 짜 줍니다 *(E)*.

tip
실제 같은 장미 파이핑 기술의 비밀은 깍지의 각도와 '아치' 모양의 높이에 달려 있습니다.
꽃잎들을 서로 가까이 짜서 꽃잎 사이에 공간이 없게 해 준다면 케이크에 장식해 놓았을 때 꽃이 쉽게 망가지지 않습니다.

4. 나뭇잎 깍지를 사용하여 잎을 장식해 줍니다(3. 꽃 파이핑하기의 해바라기와 잎 참고, P74) **(F)**.

🎂 *tip*

장미 장식은 케이크에 옆면에 장식을 원할 때 꽃을 지지해 줄 만한 다른 것이 없다면 추천하지 않습니다. 왜냐하면 장미는 무거워 떨어질 염려가 있기 때문입니다.

장미를 잘 짜려면 '아치' 모양의 파이핑을 멈춰야 하는 타이밍과 언제 맨 바깥쪽 꽃잎 파이핑을 시작해야 하는지 알아야 합니다. 장미를 너무 크게 짜지 말고 한 입에 들어갈 만큼의 버터크림으로만 짜세요.
만약 꽃잎의 가장자리 모양이 뭉개진다면 버터크림을 넣은 짤주머니를 몇 분간만 냉장고에 넣어 차갑게 한 후 짤주머니 안의 버터크림이 섞이도록 주머니를 마사지해 다시 짜 줍니다. 투톤 효과는 장미를
보다 실감 나게 연출할 수 있으므로 '2. 파이핑 텍스처와 패턴'의 '업 앤 다운 투톤 러플(P47)'을 참고해
투톤 색상의 장미를 만들어 보길 바랍니다.

장미를 먼저 짠 후 케이크에 장식하기
(Making Roses in Advance)

만약 장미를 여러 개 장식하길 원하면 꽃을 미리 짜 놓고 냉동시켜 보관하거나. 플라워 네일(*역자 주 : 꽃을 짜 주는 받침)이나 편평한 받침에 장미를 짜 준 후 **(A)** 가위로 장미를 '들어 올려' **(B)** 케이크에 놓아주면 됩니다. 꽃을 냉동시켜 보관하는 방법은 플라워 네일 위에 버터크림을 조금 짠 후 작게 자른 유산지를 붙여 장미를 짜 주고 쟁반에 옮겨 냉동 보관하면 됩니다.

장미 봉오리 Rose Bud

1. 작은 꽃잎 깍지(Wilton 104)를 이용해 깍지의 넓은 부분이 왼쪽을 향하게 하여 케이크 표면에 눕혀 놓아 줍니다. 천천히 짤주머니에 힘을 주어 꽃잎의 반 정도를 짜 준 후 깍지를 바깥쪽(오른쪽 방향) 위쪽 방향으로 살짝 당기면서 다시 중심 쪽으로 접듯이 짜 줍니다.

2. 짤주머니를 첫 번째 꽃잎의 가장자리 위쪽에 놓고 꽃잎을 겹치게 하여 파이핑해 줍니다. 천천히 짤주머니에 힘을 주며 깍지를 바깥쪽(왼쪽 방향) 위쪽으로 살짝 당기면서 첫 번째 꽃잎을 덮을 때까지 접듯이 짜 줍니다.

3. 어느 정도의 크기로 봉오리를 짜느냐에 따라 1과 2의 방법을 반복해 몇 개의 꽃잎을 더 짜 줍니다. 장미 봉오리를 짠 후에는 초록색으로 섞은 버터크림을 넣은 짤주머니의 끝을 조금 잘라 꽃받침을 짜 줍니다.

4. 나뭇잎 깍지를 이용해 잎을 몇 개 만듭니다(3. 꽃 파이핑하기의 해바라기와 잎 참고, P74).

tip

장미와 달리 장미 봉오리는 케이크에 바로 짜 줍니다. 케이크 옆면에 몇 개를 내려가거나 올라가도록 연속해서 짜 주어도 좋습니다. 또한 '2. 파이핑 텍스처와 패턴'의 '업 앤 다운 투톤 러플 장식(P47)'을 참고하여 투톤 효과를 주어 짜 주어도 좋습니다.

케이크를 완성하기 위해…

- 10×20cm 원형 케이크
- 버터크림 : 950g-1.45kg
- 식용 페이스트 타입 색소 : 밝은 파란 초록색(Sugarflair Eucalyptus), 진한 분홍색(Sugarflair Dusky Pink), 진한 초록색(Sugarflair Spruce Green), 밝은 초록색(Sugarflair Gooseberry) (Wilton사의 경우 색상표 확인, P189)
- 짤주머니
- 작은 꽃잎 깍지(Wilton 104)
- 나뭇잎 깍지(Wilton 352)
- 케이크 스크래퍼 또는 자
- 팔레트 나이프
- 가위
- 케이크 받침대 또는 반죽으로 커버한 케이크 보드

크림 코팅한 케이크에 200-300g의 색을 섞지 않은 버터크림으로 커버한 후 100-200g의 밝은 파란 초록색을 크림을 이용하여 블렌딩 효과를 주고(4. 팔레트 나이프 테크닉의 블렌딩 참고, P114) 표면을 매끄럽게 마무리해 줍니다(1. 버터크림 베이직의 커버링 케이크 참고, P28). 100-200g의 버터크림을 진한 분홍색으로, 200-300g은 진한 초록색으로 그리고 100-150g은 밝은 초록색으로 섞어 줍니다. 진한 분홍색과 하얀색 버터크림 250-300g으로 투톤 효과를 주어 장미를 짠 후(2. 파이핑 텍스처와 패턴의 업 앤 다운 투톤 러플 참고, P47) 같은 색상으로 봉오리를 짜 줍니다. 진한 초록색 크림으로 크로셰 테크닉을 이용하여(6. 텍스타일 효과의 크로셰 참고, P149) 줄기와 잎을 짠 후(3. 꽃 파이핑하기의 해바라기와 잎 참고, P74) 밝은 초록색으로 넝쿨을 짜 줍니다.

케이크에 파이핑 꽃 장식하기

Piping and Arranging Flowers on a Cake

지금까지 배운 버터크림으로 만든 꽃을 이용하여 버터크림 플로리스트가 되어 케이크를 장식해 보겠습니다. 파이핑 꽃을 원하는 위치에 원하는 모양으로 안전하게 장식하는 4가지 기법을 소개하겠습니다.
아름다운 꽃다발로 장식되어 있고, 먹을 수도 있는 이 케이크는 그 어느 누구와도 사랑에 빠지게 할 것입니다.

1. 안전하게 꽃 붙이기: 장미꽃을 미리 파이핑 해논 후 얼려 놓습니다. 케이크에 놓여질 첫 번째 꽃으로는 장미가 가장 좋으므로, 장미가 놓일 위치를 정한 후 원형 깍지를 이용하여(또는 짤주머니의 끝을 조금 잘라) 버터크림을 동그란 모양으로 짜 줍니다. 유산지에 짠 장미를 떼어내 재빨리 동그랗게 짠 버터크림 위에 올려 놓습니다 *(A)*. 팔레트 나이프와 가위를 이용하면 위치를 기울여서 케이크에 붙일 때 도움이 됩니다. 동그랗게 짠 크림 위에 꽃을 돌려주듯이 눌러 떨어지지 않게 고정시킵니다.

2. 원하는 각도로 꽃 올리기: 단순한 원형 깍지를 끼운 짤주머니로 (또는 끝부분을 조금 잘라낸 짤주머니를 사용해도 됩니다) 꽃을 놓고 싶은 위치에 크림을 동그랗게 짜 줍니다. 이 때 크림을 크고 넓게 짜 주어 꽃이 올라가도 표면이 편평해질 수 있도록 짜 줍니다 *(B)*. 동그란 크림을 짜줄 때에는 꽃을 놓더라도 원하는 높이를 유지할 수 있도록 충분히 높이 짜준 후 *(B)* 그 위에 꽃들을 짜 줍니다 *(C, D, E)*.

tip

여러 개의 꽃을 장식할 때에는 먼저 케이크 위에 버터크림을 동그랗게 짜 주어 위치를 정해 꽃들이 균등하게 놓일 수 있도록 해 줍니다. 많은 양의 꽃들을 장식할 때에는 간단하게 크림 코팅한 케이크에 바로 꽃을 올려놓으면 됩니다. 케이크 표면을 매끄럽게 하기 위해 버터크림으로 다시 커버할 필요는 없습니다. 왜냐하면 꽃을 짤 때에는 버터크림을 많이 사용하는 경향이 있으므로 자칫 케이크에 크림이 너무 많아질 수 있기 때문입니다.

3. 케이크 옆면에 꽃을 장식할 때:
옆면에 꽃을 장식할 때에는 꽃이 케이크에 잘 붙을 수 있도록 누르듯이 힘을 주어 짜 줍니다. 카네이션과 같이 크림이 많이 들어가는 꽃은 흘러내리거나 장식이 떨어질 수 있으니 피합니다.

4. 공간을 채우는 역할의 꽃 장식:
꽃들 사이의 간격을 채우거나 꽃을 올릴 때 짜 놓은 크림을 가리기 위해서는 잎 뿐만 아니라 수국, 스위트피, 바이올렛과 같은 작은 꽃들을 사용할 수 있습니다 *(F)*. 잎을 짜 줄 때에는 모두 같은 톤의 초록색으로만 짜 주지 말고, 실제 같은 효과를 주기 위해 다양한 톤의 크림을 만들어 짜 주는 게 좋습니다.

케이크를 완성하기 위해…

- 15×10cm 원형 케이크
- 버터크림 : 1.05~1.75kg
- 식용 페이스트 타입 색소 : 진한 분홍색(Sugarflair Claret), 밝은 분홍색(Sugarflair Pink), 빨간색(Sugarflair Ruby Red), 주황색(Sugarflair Tangerine), 보라색(Sugarflair Grape Violet), 초록색(Sugarflair Spruce Green or Gooseberry), 갈색(Sugarflair Dark Brown)
  (Wilton사의 경우 색상표 확인, P189)
- 짤주머니
- 케이크 받침대 또는 반죽으로 커버한 케이크 보드
- 작은 꽃잎 깍지(Wilton 104)
- 작은 잎 깍지(Wilton 352)
- 가위

색을 섞지 않은 크림으로 케이크를 커버하고 매끄럽게 마무리 한 후(1. 버터크림 베이직의 커버링 케이크 참고, P28)
다월을 꽂아 케이크 받침대 또는 반죽으로 커버한 케이크 보드에 세팅합니다.
150~250g의 버터크림을 각각 진한 분홍색, 밝은 분홍색, 빨간색, 주황색, 보라색, 초록색
그리고 갈색으로 섞어줍니다. 장미를 먼저 짜 준 후 해바라기, 국화, 카네이션, 스위트피와 잎을 짜 줍니다.
케이크에 버터크림 꽃을 장식하는 방법을 생각하며 꽃들을 배치합니다.
케이크 밑의 가장자리를 파이핑하며 마무리해 줍니다(2. 파이핑 텍스처와 패턴의 쉘 파이핑과 플뢰르-드-리스 참고, P66).

컵케이크 부케

Cupcake Bouquet

'컵케이크 부케'는 예쁜 색깔의 맛있는 컵케이크를 꽃다발처럼 만든 것입니다.
컵케이크 부케는 먹을 수 있는 예술 작품이며, 훌륭한 장식품이고, 좋은 선물이 되기도 합니다.
필요한 재료는 스티로폼 공 또는 몇 개의 플라스틱 컵입니다.
컵으로 만드는 방법은 재료를 쉽게 구할 수 있다는 장점이 있고,
둘 다 사랑스러운 결과를 얻을 수 있다는 점이 있습니다.
데코레이션 재료들을 선택할 때에도 여러 가지 재미있는 방법들을 시도해 보거나
다양한 색상의 종이나 장식들을 사용해 보는 것도 추천합니다.

스티로폼 공으로 만드는 방법 Styrofoam Ball Method

A

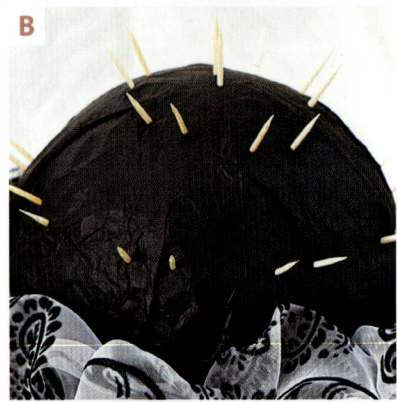

B

C

D

1. 꽃병에 스티로폼 공을 올려 놓고 테이프나 풀로 고정시킵니다. 꽃병을 천으로 감싸도 되고 그냥 두어도 괜찮습니다. 꽃병과 어울리는 리본으로 묶어줍니다 **(A)**.

2. 칵테일 스틱(이쑤시개)를 컵케이크의 장식하길 원하는 부분에 꽂아줍니다. 스틱을 꽂을 때에는 컵케이크를 지탱할 수 있도록 30–45도 각도로 꽂아줍니다 **(B)**.

3. 컵케이크를 이쑤시개에 꽂아줍니다. 컵케이크가 서로 붙어 있어 가능한 한 스티로폼 공을 모두 커버할 수 있도록 잘 조절해서 꽂아줍니다 **(C)**. 컵케이크를 꽂기 전에 먼저 꽃 파이핑을 해주어도 되지만 꽂은 후에 해주는 것이 꽃에 손상이 덜 갑니다 **(D)**.

4. 티슈 페이퍼나 천, 리본 또는 파이핑을 해주어 컵케이크 사이의 공간을 채워 줍니다. 또는 메시지를 담은 플로리스트 카드 홀더를 꽂아주어도 좋습니다.

케이크를 완성하기 위해…

- 컵케이크 12~15개, 기본 사이즈
- 버터크림 : 430–570g
- 식용 페이스트 타입 색소 : 노란색 (Sugarflair Melon and Autumn Leaf), 초록색(Sugarflair Spruce Green), 갈색(Sugarflair Dark Brown) (Wilton사의 경우 색상표 확인, P189)
- 스티로폼 공(둥근 모양 또는 반구)
- 화분
- 화분을 감쌀 천
- 티슈 페이퍼
- 칵테일 스틱(이쑤시개)
- 리본
- 풀 / 테이프
- 가위
- 플로리스트 카드 홀더(선택 사항)

화병을 감쌀 단색천과 스티로폼을 감쌀 검정색 티슈페이퍼를 준비합니다. 컵케이크를 150–200g의 버터크림으로 커버해 놓습니다. 남은 버터크림은 다음과 같이 색을 섞어 줍니다: 130–150g 노란색, 100–150g 갈색, 50–70g 초록색. 책의 내용에 따라 컵케이크 부케를 만들어 줍니다. '3. 꽃 파이핑하기'의 '해바라기와 잎(P74)'을 참고해 짜 주고 컵케이크 사이의 공간은 잎으로 채워 줍니다.

tip
장식을 파이핑한 컵케이크는 무거워 안정적이지 못합니다. 그래서 무게감이 있는 점토로 만든 화병을 사용하지 못할 경우에는 화병 안에 자갈이나 이와 비슷한 것으로 채워 무겁게 만들어 줍니다.

컵으로 만드는 방법 Cup Method

1. 7개의 플라스틱 컵을 투명 테이프를 사용해서 서로 붙여 부케 모양으로 만들어 줍니다 *(A)*. 원하는 부케의 사이즈에 따라 7개 이상의 컵을 사용해도 됩니다. 동그랗게 만 테이프를 접시에 붙여줍니다 *(B)*.

2. 컵 주위에 테이프를 붙여 티슈페이퍼를 붙여줍니다 *(C)*. 티슈페이퍼 대신 다른 재료를 사용할 수도 있습니다. 색 셀로판지도 좋은 예입니다. 작업을 마쳤으면 리본으로 묶어서 마무리 합니다.

3. 티슈페이퍼를 큰 정사각형으로 잘라줍니다. 7개의 컵케이크에는 20×20cm 정도의 사이즈를 사용하면 됩니다. 자른 티슈페이퍼를 컵 안에 넣어 줍니다 *(D)*. 이는 컵케이크가 컵보다 작은 사이즈일 때 컵 안으로 들어가 버리는 것을 방지합니다.

4. 마지막으로, 꽃을 파이핑한 컵케이크를 세팅하고 조화나 설탕, 큰 버터크림 잎으로 꾸밉니다 *(E)*.

Buttercream Bible

케이크를 완성하기 위해…

- 컵케이크 7개, 머핀 사이즈
- 버터크림 : 750g-1.1kg
- 식용 페이스트 타입 색소 :
  밝은 보라색(Sugarflair Grape Violet),
  분홍색(Sugarflair Pink),
  밝은 초록색(Sugarflair Gooseberry),
  초록색(Sugarflair Spruce Green)
  (Wilton사의 경우 색상표 확인, P189)
- 작은 플라스틱 컵 7개(200ml)
- 종이접시 또는 두꺼운 케이크 받침대,
  지름 사이즈 약 15-20cm
- 티슈페이퍼
- 칵테일 스틱(이쑤시개)
- 어울리는 리본
- 테이프
- 가위
- 조화 나뭇잎(포인트를 주기 위해)
- 플로리스트 카드 홀더(선택 사항)

200-300g의 색을 쉬지 않은 버터크림으로 컵케이크를 얇게 커버합니다. 버터크림 100-150g을 분홍색으로, 150-200g은 초록색으로, 100-200g은 밝은 보라색으로, 200-250g은 밝은 초록색으로 섞어 옅은 분홍색과 밝은 초록색으로는 수국을 짜주고(3. 꽃 파이핑하기의 동백꽃과 수국 참고, P78), 밝은 보라색으로는 장미(3. 꽃 파이핑하기의 장미와 장미 봉오리 참고, P95)를, 초록색으로는 나뭇잎을 짜 줍니다(3. 꽃 파이핑하기의 해바라기와 잎 참고, P74). 컵으로 만드는 내용에 따라 컵케이크 부케를 만든 후 티슈페이퍼와 조화 나뭇잎으로 데코레이션을 하고 컵 부분에 리본을 둘러 마무리 합니다.

tip
스테이플러를 사용하면 컵케이크 안에 철심이 들어갈 위험이 있기 때문에 컵들을 고정시키기 위해서는 투명 테이프를 추천합니다.

큐피 케이크

Cuppie Cake

여러 개의 컵케이크를 모아 원하는 모양과 사이즈의 큰 홀 케이크를 만들 수 있다면 멋지지 않을까요? 여기에서는 그것을 '큐피 케이크'라고 부릅니다. 디자인은 어떤 것이든 모두 가능하니 한번 도전해 보세요. 큐피 케이크는 언제나 즐거움을 선사해 줄 것입니다.

1. 원하는 모양으로 케이크 받침대 위에 컵케이크를 배열합니다. 컵케이크끼리 서로 밀착될 수 있도록 해 주세요. 케이크의 전체적인 형태가 만들어졌다면 버터크림을 컵케이크 밑에 조금씩 짜 주어 케이크 받침대에 붙여줍니다 (A).

2. 컵케이크 표면 위에 버터크림을 발라 표면 전체에 크림이 발라질 수 있도록 합니다. 크림이 컵케이크 사이의 공간으로 조금 떨어질 수 있으나 괜찮습니다. 버터크림 사이의 공간을 모두 크림으로 채워 줄 필요는 없습니다.

3. 팔레트 나이프를 사용하여 크림을 얇게 발라주고 남은 버터크림은 덜어 냅니다 (C). 그런 다음 원하는 디자인에 맞춰 큐피 컵케이크를 완성합니다 (D).

4. 조화나 리본을 사용하여 포인트가 되는 장식을 해 줄 수 있습니다.

tip

큐피 케이크의 장점은 모양을 낼 때에 케이크를 자르지 않아도 된다는 점입니다. 손님들이 컵케이크를 하나씩 들고 먹을 수 있어 좋고, 접시로 하나씩 케이크를 제공하지 않아도 되어서 따로 설거지를 할 필요도 없습니다!

케이크를 완성하기 위해…

- 반죽으로 커버한 케이크 보드
- 컵케이크 7개
- 버터크림 : 550-950g
- 식용 페이스트 타입 색소 :
  분홍색(Sugarflair Pink), 진한 분홍색(Sugarflair Claret), 보라색(Sugarflair Grape Violet), 검정색(Sugarflair Black), 노란색(Sugarflair Autumn Leaf), 밝은 초록색(Sugarflair Gooseberry), 진한 초록색(Sugarflair Spruce Green)
  (Wilton사의 경우 색상표 확인, P189)
- 팔레트 나이프
- 짤주머니
- 가위
- 독성이 없는 조화(선택 사항)

200-250g의 색을 섞지 않은 버터크림으로 컵케이크를 커버해 줍니다. 그런 다음 50-100g의 버터크림을 분홍색, 진한 분홍색, 보라색, 검정색, 노란색, 밝은 초록색, 진한 초록색으로 각각 섞어 줍니다. 짤주머니에 각각의 크림을 넣은 후 끝을 조금 잘라 주어 작은 구멍을 만들어 줍니다. 꽃 모양으로 디자인으로 파이핑을 합니다(2. 파이핑 텍스처와 패턴의 스크롤, 라인과 지그재그 참고, P69).

4
palette
knife
techniques

팔레트 나이프 테크닉

팔레트 나이프를 사용하여 케이크의 표면에 무늬를 넣는 것은 빠른 시간 안에 케이크 커버링을 완성할 수 있는 쉬운 방법입니다. 필요한 것은 본인의 손에 익은, 그 동안 사용해 왔던 팔레트 나이프 한 개면 됩니다. 유채화를 그려 주듯이 마블링, 블렌딩, 페인팅 등 다양한 방법을 시도합시다. 다양한 방법을 통해 케이크를 장식하면 놀랄만한 결과물을 얻을 수 있을 것입니다. 이제 팔레트 나이프로 크림을 바르면서 '붓 터치' 하는 기법을 배워보겠습니다!

● PALETTE KNIFE BRUSH STROKES ●

팔레트 나이프와 붓 터치 기술

팔레트 나이프 하나로 여러 붓 터치 기법을 통해 다양한 결과물을 얻을 수 있습니다.
케이크 모서리를 날카롭게 하려고 스트레스 받을 필요도 없고, 그저 흐름을 따라 내면의 예술적 감각을 쏟아내기만 하면 됩니다.
여러분이 이용할 수 있는 주요 기술들을 소개합니다.

수직선(Vertical strokes)
깨끗한 수직선을 만들어 주기 위해서는 팔레트 나이프를 케이크 아래에서 위로 향하게 하는 게 가장 좋습니다. 옆면에서 옆면으로 앞-뒤 방향으로는 하지는 마세요.

수평/웨이브(Horizontal/Wavy strokes)
수직으로 만드는 것과 같은 원리이지만 이번에는 팔레트 나이프를 수평으로 움직여 주면 됩니다. 나이프의 끝이 케이크에 표면에 살짝 닿게 잡은 후에, 케이크를 돌림판에 올려놓고 계속해서 돌려주며 선을 만듭니다.

둥근 깍지와 팔레트 나이프 (Round nozzle with palette knife)
짤주머니에 둥근 깍지를 넣고 오른쪽으로 연속해서 동그란 모양의 버터크림을 짜 줍니다. 그런 다음 팔레트 나이프를 이용하여 천천히 원하는 방향으로 크림을 눌러줍니다. 한번에 한 줄씩, 한꺼번에 하지 마세요. 더 효과적인 결과를 위해 다양한 컬러 또는 그라데이션 컬러의 크림을 사용해도 좋습니다.

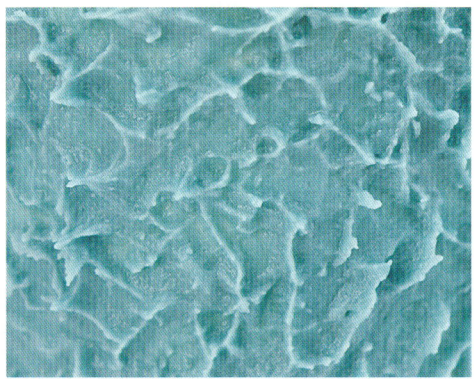

페이팅 스트로크(Patting strokes)
케이크에 버터크림을 모두 발라 준 후, 팔레트 나이프의 끝을 사용하여 케이크 표면을 두드려 줍니다. 크림이 끈적거리는 느낌이 날 때까지 두드려 주면 독특한 느낌의 표면을 만들어 낼 수 있습니다.

크림을 얇게 바르는 '씨닝' 기법(Thinning)

'씨닝'은 여러분이 생각하는대로 크림에 물방울을 떨어뜨려 농도를 묽게 하여 케이크에 얇게 펴 발라 주는 기법입니다. 아래의 두 그림으로 농도가 묽은 크림과 그렇지 못한 것을 비교할 수 있습니다. 농도가 묽은 버터크림은 팔레트 나이프로 더 쉽게 펴 바르거나 블렌딩 할 수 있습니다.

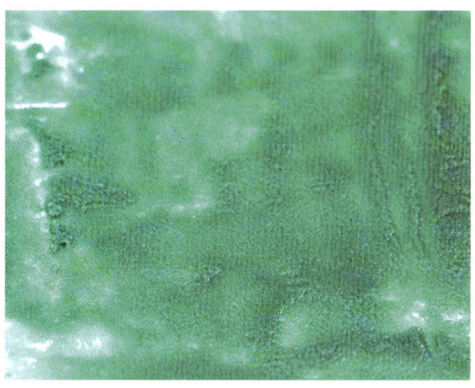

얇게 발라지지 않은 경우(Unthinned)
팔레트 나이프로 펴 발랐을 때 표면이 거칠고 균일하게 발라지지 않았습니다. 이런 농도는 크림을 짜 주거나 데코레이션을 할 때 좋습니다. 이 버터크림의 농도는 버터크림 레시피 편에서 더 자세히 알 수 있습니다(1. 버터크림 베이직 참고, P13).

얇게 발라진 경우(Thinned)
얇게 발라졌다는 것은 버터크림이 부드럽게 펴 바라진 상태를 말합니다. 이에 팔레트 나이프를 사용하여 다음 페이지에 나오는 다양한 연출을 할 수 있습니다.

팔레트 나이프에 대해서
(About Palette Knives)

이번 챕터에서는 주방이나 주변에서 흔히 볼 수 있는 평범한 팔레트 나이프만을 사용하지 않습니다. 대신 유화에서 쓰이는 팔레트 나이프를 사용해서 작업하는 테크닉을 소개합니다. 이런 종류의 팔레트 나이프는 상점에서 쉽게 구입할 수 있습니다. 그림에서도 볼 수 있듯이 여러 모양과 길이, 손잡이와 팁들을 볼 수 있는데, 어떤 디자인의 팔레트 나이프를 사용할지 결정할 때에는 길이나 숫자를 보지 말고 팔레트 나이프의 머리 모양, 즉 팁을 보고 판단하면 됩니다. 단순히 크림을 펴 바를 때에는 아무거나 사용해도 상관없지만 꽃 같은(다음 페이지에서부터 소개됨) 특정한 모양을 만들 때에는 팁의 사이즈가 중요합니다. 원리는 간단합니다! 작은 꽃잎이나 세밀한 부분을 표현할 때에는 팁이 작은 나이프를 사용하고 큰 사이즈 형태를 꾸며 줄 때에는 큰 팁을 사용하면 됩니다.

블렌딩 _Blending_

팔레트 나이프 기법은 색의 선택이 매우 중요한데, 그렇지 않으면 케이크가 지저분해 보일 수 있기 때문입니다. 어울리는 색들이 만나면 멋진 효과를 주지만 어울리지 않는 두 가지 색이 만나면 모든 것을 망쳐버릴 수 있으니 신중하게 선택을 해야 합니다. 하지만 나이프를 이용하여 블렌딩 하는 기술은 매우 간단합니다.

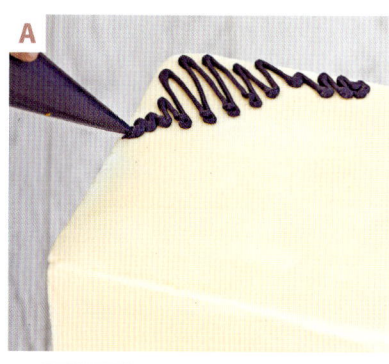
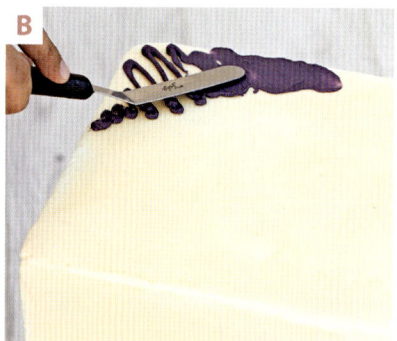

1. 크림 코팅한 케이크를 준비합니다. 묽은 농도로 색을 섞은 버터크림을 각각 짤주머니에 담아 줍니다. 짤주머니의 끝을 잘라 작은 구멍을 만듭니다. 깍지를 사용할 필요는 없습니다. 케이크 표면에 첫 번째 색상의 크림을 짜 줍니다 (A).

2. 팔레트 나이프를 10-20도의 각도로 잡고 작은 원을 그리듯 버터크림을 발라 줍니다 (B). 또는 위 아래로 발라 주어도 됩니다. 이때 팔레트 나이프에 너무 힘을 주지 않도록 조심해주세요 (C).

3. 블렌딩을 해 줄 다음 색의 버터크림을 짜 주되 두 색상 사이에 간격을 조금 두고 짜 줍니다. 같은 방법으로 크림을 발라준 후 다시 두 가지 색상을 섞으며 발라줍니다 (D).

4. 같은 방법을 반복하여 케이크 전체를 커버할 때까지 준비해둔 여러 색상을 사용하여 크림을 발라줍니다 (E).

tip

블렌딩을 할 때 케이크를 냉장고에 넣어 차갑게 해두면 표면이 단단해져 작업이 훨씬 쉬워집니다. 단점은 케이크가 차갑기 때문에 크림이 빨리 굳을 수 있습니다. 이럴 때에는 나이프를 뜨거운 물에 담구었다가 크림을 바르면 좋습니다.

케이크를 완성하기 위해…

- 20×15cm 정사각형 케이크(밑단), 15×13cm 정사각형 케이크(윗단)
- 버터크림 : 2.55-3.35kg
- 색소 : 보라색(Sugarflair Grape Violet), 라일락색 (Sugarflair Lilac), 빨간색(Sugarflair Ruby), 주황색(Sugarflair Tangerine), 노란색(Sugarflair Autumn Leaf), 밝은 초록색(Sugarflair Gooseberry), 진한 초록색(Sugarflair Spruce Green)
  (Wilton사의 경우 색상표 확인, P189)
- 팔레트 나이프
- 작은 꽃잎 깍지(Wilton 104)
- 짤주머니
- 가위
- 케이크 받침대 또는 반죽으로 커버한 케이크 보드

크림으로 커버한 케이크에 다월을 꽂아 케이크 받침대 또는 반죽으로 커버한 케이크 보드에 세팅합니다(1. 버터크림 베이직 참고, P13).

버터크림을 다음과 같이 색을 섞어 놓습니다: 250-350g의 크림을 보라색, 라일락색, 빨간색, 주황색, 노란색, 밝은 초록색, 진한 초록색으로 각각 섞어주고, 250-350g의 버터크림은 색을 섞지 않은 상태로 남겨둡니다. 책의 사진과 설명을 참고하여 블렌드 효과를 주어 크림을 발라줍니다. 그런 다음 남은 하얀색 버터크림으로는 작은 꽃잎 깍지를 이용해 장미를 짜서 얼려두고, 케이크 밑부분에 촘촘하게 장식해 줍니다(3. 꽃 파이핑하기의 장미와 장미 봉오리 참고, P95).

그라데이션 블렌딩과 꽃 그리기

Gradient Bending and Painting Flowers

이 블렌딩 방법은 색을 은은하게 번지게 하는 기술로 여러 종류의 팔레트 나이프를 사용하여 케이크의 표면을 칠해준 듯한 표현을 할 때 좋습니다. 이 작은 도구는 각각 다른 효과를 주며, 이 책에는 이것들을 사용해 멋진 꽃을 그리는 방법을 소개하겠습니다.

팔레트 나이프로 꽃을 그릴 때 장점은 선이나 형태를 그릴 때 정확하게 하지 않아도 된다는 점입니다. 블렌딩을 해주기 때문입니다. 이 기술은 여러분이 가지고 있는 숨겨진 예술적 감각을 일깨워 예술가로서의 면모를 보여줄 수 있는 계기가 될 것 입니다.

tip
어두운 색은 밝은 색 크림 쪽에 계속 터치하지 마세요. 왜냐하면 밝은 색 크림이 어두운 색 크림에 묻혀버릴 수 있기 때문입니다. 점진적으로 블렌딩 작업만 해주어야 합니다.

1. 원하는 색상을 골라 모두 짤주머니에 담아 줍니다. 색상을 고를 때에는 교재의 초록색처럼, 밝은 색부터 진한 색까지 고릅니다. 색을 섞지 않은 버터크림으로 팔레트 나이프를 이용하여 케이크 표면에 무늬를 만들어 줍니다 (4. 팔레트 나이프 테크닉의 붓 터치 기술 참고, P112) **(A)**. 표면이 단단해지기 전에 가장 밝은 색부터 블렌딩을 합니다.

2. 색상에 그라데이션 효과를 주기 위해 진한 색으로 케이크의 맨 윗부분부터 시작합니다. 예를 들어 하늘 같은 느낌을 주려면 케이크의 맨 윗부분에 크림을 파이핑을 해 준 후 **(B)** 팔레트 나이프를 이용해 크림을 발라줍니다(4. 팔레트 나이프 테크닉의 블렌딩 참고, P114). 점진적으로 하얀색 크림 쪽으로 블렌딩을 합니다(팁 참고) **(C)**.

3. 케이크의 밑부분에 진한 색부터 밝은 색으로의 그라데이션 효과를 주기 위해 밑부분의 모서리부터 시작합니다. 위에서 설명한대로 크림을 바른 후 첫 번째 바른 크림 다음에 약간의 공간을 남기고 두 번째 색상의 크림을 발라준 다음 두 색상을 블렌딩 해 줍니다 **(D)**. 밝은 색상의 크림을 하얀색 크림 쪽으로 블렌딩 해 줍니다 **(E)**.

4. 배경에 조금 더 그라데이션 효과를 주고 싶을 때에는 색을 섞은 크림 조금을 하얀색 버터크림이 있는 곳의 위쪽에 발라준 후 다시 블렌딩 작업을 해 줍니다 **(F)**.

팔레트 나이프 플라워 Palette Knife Flowers

A

B

C

D

E

F

tip
케이크를 커다란 캔버스라고 생각하고 꽃을 어디에 그릴지 생각해 보세요. 원하는 색의 버터크림으로 꽃의 중앙 부분을 그리면 전체적인 이미지를 상상해 볼 수 있어 위치를 정할 때 도움이 됩니다.

1. 해바라기의 경우 중앙을 먼저 그리고 꽃잎을 그려준 후 색을 채워 줍니다 *(A)*. 짧은 사이즈의 팔레트 나이프를 10-20도의 각도로 잡고 그려 놓은 꽃잎의 모양을 따라 버터크림을 발라줍니다. 꽃잎을 반으로 나눠 한쪽 면을 아래에서 위로 발라준 후 나머지 면도 아래에서 위쪽으로 발라주어 중앙 부분이 조금 더 위로 살짝 솟아올라 보이게 합니다 *(B)*. 팔레트 나이프를 앞뒤로 왔다 갔다 하지 않으면 더 깔끔하게 작업할 수 있습니다. 그리고 크림을 바른 후에는 항상 나이프를 닦아줍니다. 이 방법을 반복해 꽃잎을 완성합니다.

2. 명암 효과를 주기 위해 각 꽃잎의 중심 부분에 진한 색의 크림을 조금 짜준 후 문지르면서 그라데이션 효과를 줍니다 *(C)*. 실제 꽃과 같은 표현을 위해서 꽃의 수술 부분은 밝은 색으로 도트 무늬를 짜 줍니다 *(D)*. 케이크에 꽃을 몇 개 더 그려줍니다.

3. 델피니움 꽃은 바이올렛 크림으로 도트를 만들어 윤곽선(큰 물방울 모양과 같은)을 만들어 줍니다. 바이올렛, 화이트, 파란색 크림으로 작은 도트를 짜서 라인 안을 채웁니다 *(E)*. 도트와 같은 사이즈의 작은 팔레트 나이프를 사용하여 도트를 짓누르듯이 크림을 아래로 발라줍니다. 팔레트 나이프는 닦아줄 필요가 없습니다. 왜냐하면 많은 색상들이 블렌딩이 되어야 더 좋기 때문입니다 *(F)*.

Buttercream Bible

4. 마지막으로 진한 초록색의 버터크림이 들어 있는 짤주머니의 끝을 잘라 줄기를 짜 줍니다 **(G)**. 줄기는 입체적인 느낌을 주기 위해 팔레트 나이프를 이용해 따로 문지를 필요가 없습니다.

🎂 *tip*

델피니움 꽃잎을 작업할 때에는 둥그랗게 짠 버터크림을 가운데로 잡아당기듯이 발라주어야 합니다. 이렇게 하면 꽃잎이 더 선명하고 깔끔하게 만들어 집니다.

케이크를 완성하기 위해…

- 25×15cm 원형 케이크(밑단), 20×20cm 원형 케이크(중간단), 15×13cm 원형 케이크(윗단)
- 버터크림 : 3.05-4.15kg
- 다월
- 식용 페이스트 타입 색소 : 보라색(Sugarflair Grape Violet), 파란색(Sugarflair Baby Blue), 노란색(Sugarflair Melon), 진한 노란색(Sugarflair Autumn Leaf), 갈색(Sugarflair Dark Brown), 진한 갈색(Sugarflair Dark Brown), 커피색(Sugarflair Mocha), 밝은 초록색(Sugarflair Gooseberry), 진한 초록색(Sugarflair Spruce Green) (Wilton사의 경우 색상표 확인. P189)
- 팔레트 나이프 페인팅 세트
- 짤주머니
- 가위
- 케이크 받침대 또는 반죽으로 커버한 케이크 보드

다월을 꽂아 케이크 받침대 또는 반죽으로 커버한 케이크 보드에 세팅합니다(1. 버터크림 베이직 참고. P13). 버터크림을 다음과 같이 색을 섞어 놓습니다: 보라색, 파란색, 노란색, 진한 노란색, 갈색, 진한 갈색, 커피색, 밝은 초록색 그리고 진한 초록색으로 각각 250-350g씩 섞어 놓습니다. 남은 버터크림으로는 케이크를 커버해 주는데 팔레트 나이프를 이용하여 표면을 거칠게 커버해 줍니다(4. 팔레트 나이프 테크닉의 붓 터치 기술 참고. P112). 두 종류의 초록색과 파란색을 이용하여 케이크 표면에 블렌딩 효과를 줍니다. 남은 색으로는 '팔레트 나이프 플라워' 방법을 이용해 꽃을 그립니다.

마블링

Marbling

마블링은 '색상이 너무 과하지 않을까?'라는 고민 없이 원하는 만큼 여러 가지 색상을 모두 사용할 수 있는 테크닉입니다. 이번 챕터에서는 모양이 만들어질 때까지 선택한 크림 색상을 하나씩 차례로 짜 줍니다. 그런 다음 심플한 케이크 콤 또는 팔레트 나이프를 이용하여 블렌딩 효과를 주어 더욱 세련된 모양을 만들 수 있습니다.

A	B
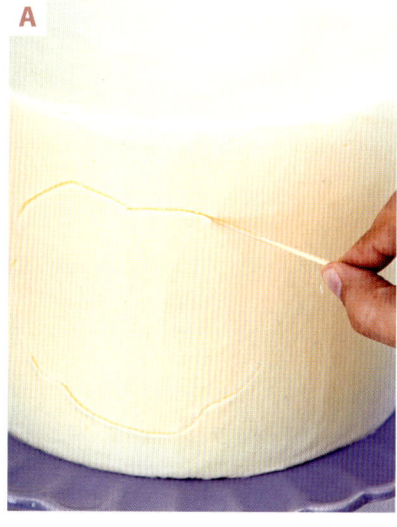	

C	D

케이크를 완성하기 위해…

- 20×20cm 원형 케이크
- 버터크림 : 1.2-1.8kg
- 식용 페이스트 타입 색소 :
  밝은 파란색(Sugarflair Baby Blue),
  진한 파란색(Sugarflair Baby Blue),
  보라색(Sugarflair Grape Violet),
  초록색(Sugarflair Spruce Green)
  (Wilton사의 경우 색상표 확인, P189)
- 짤주머니
- 가위
- 케이크 콤, 지그재그 케이크 스크래퍼, 또는 팔레트 나이프(큰 둥근 팁)
- 화이트 스프링클
- 케이크 받침대 또는 반죽으로 커버한 케이크 보드

크림 코팅한 케이크를 케이크 받침대 또는 반죽으로 커버한 케이크 보드에 세팅한 다음 600-800g의 색을 섞지 않은 크림을 이용하여 표면을 매끄럽게 마무리합니다(1. 버터크림 베이직의 커버링 케이크 참고, P28).

남은 버터크림은 다음과 같이 섞어 줍니다: 각각 150-250g의 밝은 파란색, 진한 파란색, 보라색 그리고 초록색으로 섞은 버터크림으로 책의 내용에 따라 마블링 꽃을 그려줍니다. 하얀색 스프링클을 꽃의 수술로 이용해 붙이고, 케이크의 윗부분과 밑부분의 모서리에 파이핑을 더 두껍게 짜서 마무리를 해 줍니다(2. 파이핑 텍스처와 패턴의 스크롤, 라인과 지그재그 참고, P69).

---

1. 전체적인 디자인을 정한 후 이쑤시개를 사용하여 간단한 꽃 모양의 밑그림을 그려 줍니다 (A).

2. 좋아하는 색상을 모두 고릅니다. 예를 들면 이번 챕터에서는 꽃잎마다 3가지 색상을 골랐습니다. 색을 섞은 버터크림을 모두 짤주머니에 담고 가위를 사용해 끝을 조금 잘라 줍니다. 가장 바깥쪽의 꽃잎부터 시작해 짧은 아치 형태로 짜 줍니다 (B).

3. 케이크 콤이나 팔레트 나이프를 이용해 케이크에 눕히듯이 가볍게 발라주는데 꽃의 중심 방향으로 발라 줍니다. 케이크 콤을 사용하면 사랑스러운 질감과 더 효과적인 블렌딩 효과를 연출할 수 있습니다.

4. 같은 방법을 반복하여 색상을 교차하여 꽃잎을 모두 짜 줍니다 (D).

5. 꽃의 크기에 따라 두 개 또는 그 이상의 층을 짜 주면 됩니다. 이때 가장 중요한 점은 꽃의 맨 바깥쪽부터 시작한다는 점입니다. 마지막에는 동그란 모양의 파이핑이나 스프링클을 이용하여 마무리해 줍니다.

tip
케이크 콤이나 지그재그 케이크 스크래퍼는 여러 종류의 사이즈가 있지만, 2.5cm 넓이가 가장 유용하게 쓰입니다. 또한 플라스틱으로 재질이므로 큰 사이즈를 잘라 원하는 사이즈로 만들어 사용할 수 있습니다.

5
transfers, stamping, and stenciling

디자인 옮기기, 스탬프와 스텐실

이번 챕터에서는 케이크 표면에 복잡한 모양을 재연출하는 3가지 방법을 알아봅니다.

원하는 디자인이 있지만 너무 복잡해서 작업하기 어려웠던 경험이 있지 않나요? 여기에 바로 해결책이 있습니다: 버터 크림을 얼려 옮기는 FBCT(frozen butter cream transfer) 기법, 그리고 아주 세밀한 모양을 면적이 넓은 케이크에 커버해 줄 때에는 스텐실이 좋습니다. 마지막으로 많은 양의 효과를 줄 때에는 수백 가지 모양이 있는 스탬프 기법을 사용하면 좋습니다. 이번 챕터를 잘 보고 자신에게 맞는 기술을 찾아내길 바랍니다.

버터크림을 얼려 편평한 표면에 디자인 옮기기

Frozen Buttercream Transfers on a Flat Surface

일반적으로 어떤 모양을 케이크에 옮길 때에는 케이크의 가장자리 부분을 별 모양 깍지 또는 소용돌이 깍지로 마무리 하는데, 그렇게 하면 모양을 옮긴 표시가 많이 납니다. 이럴 때 사용할 수 있는 좋은 방법을 배워보겠습니다! 모양이 너무 복잡해서 불가능할 것 같은 디자인도 충분히 할 수 있기 때문에 아무도 여러분이 이 기술을 사용했다는 것을 눈치채지 못할 것입니다.

1. 원하는 이미지를 골라 케이크에 맞춰 사이즈를 조절한 후 거울에 비친 듯 좌우가 바뀐 모양으로 프린트를 해 줍니다. 그런 다음 케이크의 크기를 인쇄된 종이에 그려 줍니다 *(A)*.

2. 베이킹 팬(또는 냉동 가능한 납작한 판도 가능)에 디자인을 놓고 그 위에 유산지를 올려 테이프로 고정합니다 *(B)*.

3. 필요하면 다양한 색의 버터크림을 사용하여 디자인의 윤곽선을 그려 준 후, 여러 색상의 버터크림으로 안을 채워 줍니다 *(C)*. 한 가지 색상씩 채워 색상 층을 만들어 줍니다. 색상 층 사이에는 공간이 생기지 않게 주의하며 짜 줍니다.

4. 크림을 모두 다 짜 주었으면 (D), 냉동고에 5-10분 정도 크림이 굳을 때까지 넣어둡니다. 크림을 짜놓은 것이 움직이지 않게 하는 것이 중요합니다. 냉동고에서 꺼낸 후 케이크를 커버한 것과 동일한 색상의 버터크림을 이용하여 그려놓은 케이크 사이즈의 가이드 라인에 따라 얇게 버터크림을 짜 줍니다 (E). 팔레트 나이프로 크림을 편 후 스크래퍼로 편평하게 밀어줍니다 (F). 다 되었으면 크림이 돌처럼 단단해질 때까지 30분에서 한 시간 정도 얼립니다.

5. 크림을 얼리는 동안 케이크의 표면을 얇게 크림 코팅 하는데 표면이 편평하게 커버되도록 합니다 (G). 얼려놓았던 모양을 짠 크림을 꺼내서 조심스럽게 뒤집은 후 케이크에 위치를 잡고 살살 눌러 붙입니다 (H). 팔레트 나이프를 사용하여 튀어나온 크림들을 정리합니다.

6. 케이크 커버와 같은 색상의 버터크림을 케이크의 남은 표면에 짜 줍니다 (I). 이 때 모양을 붙인 쪽과 같은 두께로 커버하는 것이 매우 중요합니다. 그렇지 않으면 전체 모양을 망칠 수 있습니다. 이 작업이 끝날 때 즈음이면 단단히 얼었던 모양을 짠 버터크림이 부드러워지기 시작할 것입니다. 그때 케이크의 옆면과 모서리 부분을 매끄럽게 마무리 해주면 됩니다(1. 버터크림 베이직의 스무딩 참고, P29) (J).

J

tip
디자인을 인쇄할 때에는 거울에 비친 것 같은 좌우가 바뀐 모양으로 인쇄를 해야 한다는 점을 기억하세요. 또한 디자인에 크림을 짜서 열린 후 냉동고에서 꺼낼 때에는 아주 단단하게 굳어 있어야 유산지가 달라붙지 않고 쉽게 떨어집니다.

케이크를 완성하기 위해…

- 20×10cm 정사각형 케이크
- 버터크림 : 2.25-2.95kg
- 식용 페이스트 타입 색소 :
  밝은 분홍색(Sugarflair Pink),
  진한 분홍색(Sugarflair Claret),
  어두운 분홍색(Sugarflair Dusky Pink),
  잎 초록색(Sugarflair Foliage Green),
  밝은 초록색(Sugarflair Gooseberry),
  진한 초록색(Sugarflair Spruce Green)
  (Wilton사의 경우 색상표 확인, P189)
- 짤주머니
- 팔레트 나이프
- 스크래퍼
- 펜
- 자
- 가위
- 유산지
- 테이프
- 프린트한 디자인(템플릿 참고)
- 베이킹 팬 또는 납작한 판
- 작은 꽃잎 깍지(Wiltion 104)
- 작은 나뭇잎 깍지(Wiltion 352)
- 글씨 깍지 1-3(선택 사항)
- 케이크 받침대 또는 반죽으로 커버한 케이크 보드

케이크를 크림 코팅한 후(1. 버터크림 베이직 참고, P13) 케이크 받침대 또는 반죽으로 커버한 케이크 보드에 세팅합니다. 책 뒷편에 있는 템플릿 디자인을 이용하여 책의 내용대로 크림을 짜 줍니다. 200-300g의 밝은 분홍색, 진한 분홍색, 어두운 분홍색, 잎 초록색, 밝은 초록색 그리고 진한 초록색 크림으로 각각 섞어 줍니다. 1-1.1kg의 버터크림은 색을 섞지 않고 케이크의 옆면을 커버하는데 사용합니다. 케이크 옆면을 매끄럽게 커버해 줍니다(1. 버터크림 베이직의 스무딩 참고, P29). 분홍색의 여러 톤으로 장미를 짜서 얼려 놓은 후 케이크 밑 쪽 가장자리 부분에 붙여줍니다(3. 꽃 파이핑하기의 장미와 장미 봉오리 참고, P95). 잎 초록색으로 잎을 짜 줍니다(3. 꽃 파이핑하기의 해바라기와 잎 참고, P74).

버터크림을 얼려 곡선 표면에 디자인 옮기기

Frozen Buttercream Transfers on a Curve

앞에서 편평한 곳에 모양을 짠 버터크림을 옮기는 방법에 대해 알아보았습니다. 이제는 곡선이 있는 둥근 케이크에는 어떻게 이 기법을 사용할지 궁금해질 것입니다. 많은 시간을 들여 연구한 끝에 완벽한 해결 방법을 찾았습니다. 이제부터 멋진 케이크를 완성하기 위한 획기적인 기법을 배워보겠습니다.

tip
디자인이 크거나 넓다면 디자인을 몇 개로 나누어 각각 작업한 후 얼려주고, 케이크에 함께 꽂아주면 됩니다.

1. 원하는 이미지를 골라 케이크에 맞춰 사이즈를 조절한 후 거울에 비친 듯 좌우가 바뀐 모양으로 프린트를 해 줍니다. 이미지를 베이킹 팬(또는 납작한 판)에 놓고 유산지를 올려 놓습니다. 이미지와 유산지가 잘 붙어 있도록 테이프로 고정시킵니다.

2. 원하는 색상의 크림으로 모양의 윤곽선을 그리고 안도 채워 줍니다. 작업이 끝나면 냉동고에 5-10분 정도 넣어 크림이 단단하게 굳을 수 있게 합니다. 크림이 충분히 굳었으면 냉동고에서 꺼내 뒷부분에 이미지보다 조금 크게 버터크림을 발라 *(A)* 이를 펼칩니다 *(B)*. 이때 버터크림의 색은 케이크의 색과 같도록 합니다.

3. 그런 다음 케이크 모양의 스티로폼 옆면에 붙여 칵테일 스틱(이쑤시개)이나 머리핀을 이용하여 고정시킵니다 *(C)*. 디자인을 붙인 모형 케이크를 냉동고에 30분-1시간 정도 단단하게 굳을 때까지 넣어 둡니다. 크림이 냉동고 안에서 떨어지지 않도록 안전하게 보관합니다.

4. 모양을 짠 버터크림이 아주 단단하게 굳었으면 케이크에서 붙일 면에 크림을 얇게 바른 후 냉동고에서 꺼내 재빨리 케이크에 붙입니다. 가볍게 눌러서 잘 붙도록 해 줍니다 *(D)*.

5. 케이크를 커버한 것과 같은 색상의 버터크림을 모양을 짠 버터크림 주변에 발라준 후 *(E)*, 팔레트 나이프를 이용해 편평하게 다듬어 줍니다 *(F)*. 이때 얼마만큼의 버터크림을 바르느냐가 매우 중요한데 모양을 짠 버터크림과 같은 두께로 발라주어야 합니다. 이 방법을 반복하여 다른 모양도 붙여주고, 다시 주변에 버터크림을 발라 높이를 맞춘 후 남는 버터크림을 깔끔하게 제거해 줍니다.

6. 표면이 다시 단단해졌으면 케이크 표면을 매끄럽게 하며 마무리합니다(1. 버터크림 베이직의 스무딩 참고, P29) *(G)*.

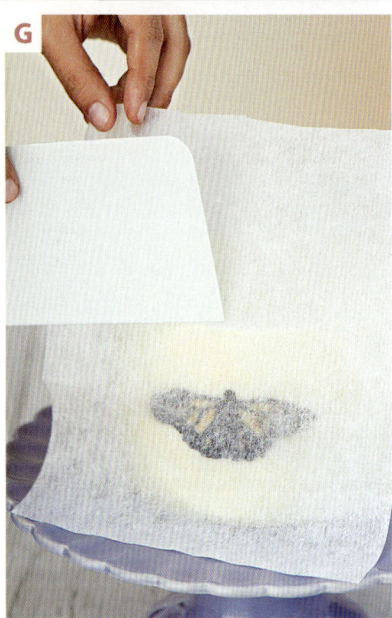

tip

모양을 짠 버터크림을 케이크 모서리에 붙일 때는 크림을 아주 딱딱하게 굳히지 말고 살짝 구부러질 정도로 얼려서 모양을 잡아주면 됩니다. 케이크 표면에 크림이 잘 붙어있도록 전체 케이크를 다시 냉장고에 넣어 나중에 유산지를 떼어낼 때 떨어질 수 있는 위험도를 줄여줍니다.

Buttercream Bible

tip

모양을 짠 버터크림이 일단 케이크에 놓였으면 가장자리에
크림을 짜서 장식을 해 줄 수 있습니다. 다만 이 장식을 할 때에는
디자인에 따라서 크림을 짜주면 됩니다.

케이크를 완성하기 위해…

- 15×13cm 원형케이크
- 버터크림 : 1.7-2.7kg
- 식용 페이스트 타입 색소 : 베이지색(Sugarflair Caramel),
  밝은 파란색(Sugarflair Baby Blue), 진한 파란색(Sugarflair Dark Blue),
  주황색(Sugarflair Tangerine), 빨간색(Sugarflair Ruby),
  밝은 갈색(Sugarflair Dark Brown), 진한 갈색(Sugarflair Dark Brown),
  검정색(Sugarflair Liquorice), 노란색(Sugarflair Melon) (Wilton사의 경우 색상표 확인, P189)
- 짤주머니
- 팔레트 나이프
- 스크래퍼
- 펜
- 자
- 가위
- 유산지
- 테이프
- 인쇄된 디자인(템플릿 참고)
- 베이킹 팬 또는 납작한 판
- 칵테일 스틱(이쑤시개) 또는 머리핀
- 케이크 모양 스티로폼, 케이크와 같은 크기
- 글씨 깍지 1-3(선택 사항)
- 케이크 받침대 또는 반죽으로 커버한 케이크 보드

케이크를 크림 코팅한 후(1. 버터크림 베이직 참고, P13). 케이크 받침대 또는 반죽으로 커버한 케이크 보드에
세팅합니다. 책 뒷편에 있는 템플릿 디자인을 이용하여 책의 내용대로 크림을 짜 줍니다.
800-900g의 베이지색 크림과 100-200g의 밝은 파란색, 진한 파란색, 주황색, 빨간색, 밝은 갈색,
진한 갈색, 검정색 그리고 노란색으로 각각 섞어줍니다. 100-200g의 버터크림은 색을 섞지 않고 남겨둡니다.
모양을 짠 버터크림을 케이크에 붙인 후 베이지색의 버터크림으로 남은 공간을 발라준 후 케이크 표면을
매끄럽게 커버해 줍니다(1. 버터크림 베이직의 스무딩 참고, P29).
하얀색과 노란색 버터크림으로 작은 꽃을 짜 마무리합니다(2. 파이핑 텍스처와 패턴의 도트 참고, P61).

• TROUBLESHOOTING •

문제점 해결하기

모양을 짠 버터크림을 얼려 붙이는 방법은 어렵지 않지만 피해야 할 위험요소가 있고 문제가 생길 때도 있을 것입니다. 그럴 때 걱정하지 마세요! 저희도 작업을 하면서 셀 수 없이 많은 시행착오를 겪었습니다. 그래서 이번 챕터에서는 작업하다 일어날 수 있는 시행착오를 미리 알려 여러분이 어려움에 빠지지 않도록 하고, 이에 해당되는 해결책도 살펴보겠습니다.

1. 모양을 짠 버터크림이 부러졌을 때(The Transfer Cracks)

만약 모양을 짠 버터크림이 부러졌을 때에는 **(A)**, 일단 케이크에 두 조각을 붙이고 최대한 가깝게 밀착시켜 줍니다 **(B)**. 깨진 부분 사이에 공간이 있을 경우에는 같은 색상의 버터크림을 조금 짜준 후 **(C)** 작은 페인트 붓으로 블렌딩합니다 **(D)**. 크림이 굳으면 표면을 매끄럽게 처리합니다(1. 버터크림 베이직 참고, P13).

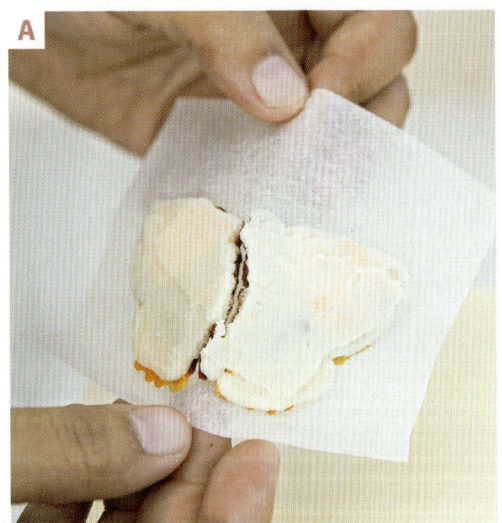

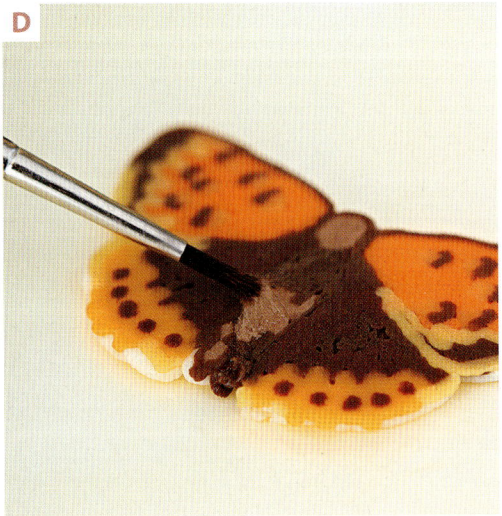

2. 모양을 짠 버터크림의 일부가 옮겨지지 않을 때(Some Details Don't Transfer)

이러한 현상이 생기는 대부분의 이유는 모양을 짠 크림이 아직 다 얼지 않았는데 유산지를 떼어 크림이 잘 붙어있지 않아 생기는 것입니다 *(A)*. 이런 일이 생길 때에는 모양 위에 같은 색상으로 다시 파이핑을 해주고, 브러쉬로 블렌딩을 해 주면 됩니다 *(B)*. 그림을 잘못 그리더라도 작은 부분들을 수정하기에는 큰 어려움이 없을 것입니다. 평소에 하던대로 페인트 붓을 이용해서 블렌딩을 해 주기만 하면 됩니다. 이런 문제가 일어나지 않게 하려면 모양을 짠 크림을 확실히 얼리거나 유산지에 크림을 짜기 전에 식물성 오일(쇼트닝)을 얇게 발라주면 됩니다.

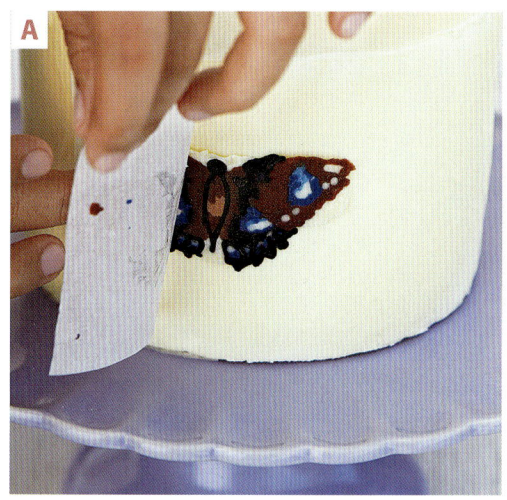

3. 이미지를 뒤집어 프린트 하는 것을 잊어버렸을 때(Forgetting to Flip The Image)

이런 문제들은 단어나, 글자, 숫자일 때 더 심각합니다 *(A)*. 아래 사진은 이미지를 거울에 비친 듯 좌우가 바뀐 모양으로 프린트하는 것을 잊어버렸을 때 어떻게 되는지 보여줍니다 *(B)*.

만약 벌써 케이크에 옮겨 붙였다면 손쓸 방법이 없습니다. 이때에는 크림을 제거해 처음부터 다시 하는 방법 밖에는 없습니다. 그러나 붙이기 전에 알아차렸다면 이미지를 다시 프린트 하는 방법도 있지만 모양을 짠 버터크림을 제거한 후 유산지를 뒤집어 다시 사용하는 방법도 있습니다.

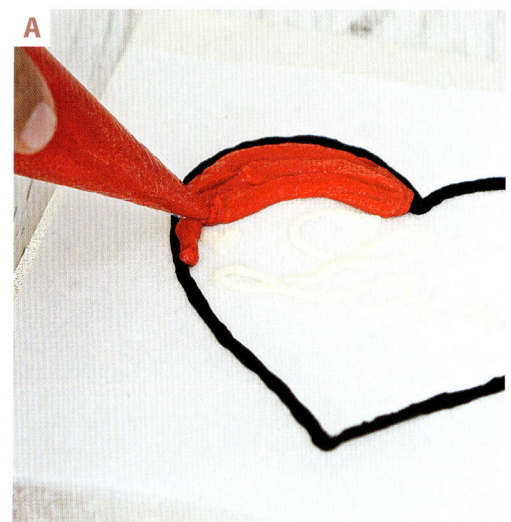

스텐실

Stencilling

스텐실은 이미 만들어져 모양을 파 놓은 스텐실 제품을 사용하여 케이크 표면에 옮기는 것을 말합니다. 아주 간단한 기술이며 사용하는 스텐실의 종류에 따라 케이크의 느낌도 달라집니다. 다양하게 사용할 수 있는 우아한 모양의 스텐실 제품이 많으므로 주위에 있는 상점이나 온라인 쇼핑몰을 찾아서 구입하면 됩니다.

1. 15×15cm 사이즈의 스텐실에, 300-400g 버터크림을 볼에 담고 물을 넣어 '얇은 두께로' 쉽게 바를 수 있도록 농도를 맞춰줍니다. 너무 묽은 농도로 만들지 않도록 주의합니다 (A). 크림을 짤주머니에 넣고 끝을 잘라 작은 구멍을 만듭니다.

2. 케이크를 버터크림으로 커버한 후 매끄럽게 마무리 해 주고(1. 버터크림 베이직의 커버링 케이크 참고, P28) 냉동고에 넣어 표면을 굳혀 스텐실이 케이크 표면에 잘 고정될 수 있도록 해 줍니다. 이렇게 하면 케이크 표면에서 작업하기 쉬워집니다. 스텐실을 케이크에 위치를 잡고 잘 고정될 수 있도록 한 다음 약간 묽은 농도의 버터크림을 스텐실 위로 짜 줍니다 (B).

3. 팔레트 나이프를 사용하여 버터크림을 편평하게 발라주고 남은 크림을 걷어냅니다 (C).

4. 먼저 커버해 놨던 버터크림이 차갑기 때문에 스텐실 한 버터크림이 살짝 굳을 때까지 조금 기다렸다가 천천히 떼어냅니다 (D). 케이크의 다른 면도 반복해 스텐실 작업을 해 줍니다.

tip
스텐실 위에 발라준 버터크림이 굳을 때까지 몇 초에서 몇 분 놔 기다렸다가 스텐실을 떼어주어야 모양이 망가지지 않습니다.

A

B

C

D

케이크를 완성하기 위해…

- 15×15cm 사각형 케이크
- 버터크림 : 1.35-1.75kg
- 식용 페이스트 타입 색소 :
  보라색(Sugarflair Lilac),
  베이지색(Sugarflair Caramel),
  밝은 초록색(Sugarflair Eucalyptus)
  (Wilton사의 경우 색상표 확인, P189)
- 스텐실
- 짤주머니
- 팔레트 나이프
- 가위
- 작은 나뭇잎 깍지(Wilton 352)
- 작은 꽃잎 깍지(Wilton 104)
- 케이크 받침대 또는 반죽으로 커버한 케이크 보드

케이크를 크림 코팅한 후(1. 버터크림 베이직 참고, P13) 케이크 받침대 또는 반죽으로 커버한 케이크 보드에 세팅합니다. 600-800g의 보라색 버터크림을 이용하여 케이크를 커버한 후 표면을 매끄럽게 마무리합니다(1. 버터크림 베이직의 커버링 케이크 참고, P28).

남은 버터크림으로 600-700g의 베이지 색상과 150-200g의 밝은 초록색으로 섞어 놓습니다.

베이지 색상의 버터크림으로 책의 내용에 따라 케이크의 전체 4면을 스텐실 작업을 해 줍니다. 베이지색으로 장미를 짜준 다음(3. 꽃 파이핑하기의 장미와 장미 봉오리 참고, P95) 가위로 들어올려 케이크 윗부분에 놓고, 초록색과 베이지색을 섞은 크림으로 잎을 짜 줍니다(3. 꽃 파이핑하기의 해바라기와 잎 참고, P74).

케이크 밑 부분은 베이지색 버터크림을 짤주머니에 담아 끝을 잘라 쉘을 짜준 후 마무리를 합니다(2. 파이핑 텍스처와 패턴의 쉘 파이핑과 플루르-드-리스 참고, P66).

스폰지와 스탬프

Sponging and Stamping

스탬프 기법은 표면에 같은 모양을 반복해서 꾸밀 때 많이 사용되는 인기 있는 공예로 케이크 데코레이션에서도 사용할 수 있습니다.

이번 챕터에서는 평범한 스폰지를 이용하여 아무것도 그려져 있지 않은 도화지 같은 케이크에 다양한 색상과 쿠키커터, 주사기 모양의 플런저 커터, 고무 스탬프 같은 작은 도구를 활용하여 멋진 배경을 만들어 보겠습니다.

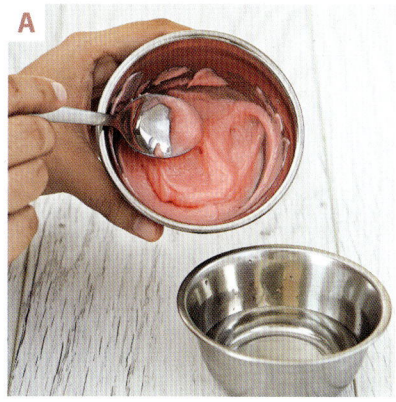

케이크를 완성하기 위해…

- 15×20cm 정사각형 케이크
- 버터크림 : 1.5-2kg
- 식용 페이스트 타입 색소 : 밝은 파란색(Sugarflair Baby blue), 밝은 초록색(Sugarflair Spruce Green), 밝은 노란색(Sugarflair Melon), 밝은 분홍색(Sugarflair Pink), 검정색(Sugarflair Liquorice)

(Wilton사의 경우 색상표 확인, P189)

- 플라스틱 볼
- 깨끗한 스폰지
- 가위
- 작은 꽃무늬 쿠키커터 또는 꽃 모양 플런저 커터
- 다양한 색의 식용 진주
- 족집게
- 짤주머니
- 작은 꽃잎 깍지(Wilton 104)
- 케이크 받침대 또는 반죽으로 커버한 케이크 보드

케이크를 크림 코팅한 후(1. 버터크림 베이직 참고, P13) 케이크 받침대 또는 반죽으로 커버한 케이크 보드에 세팅합니다. 600-800g의 색을 섞지 않은 버터크림으로 커버한 후 매끄럽게 마무리해 줍니다(1. 버터크림 베이직의 커버링 케이크 참고, P28).

남은 버터크림으로 150-200g의 밝은 파란색, 밝은 초록색, 밝은 노란색, 밝은 분홍색 그리고 검정색으로 각각 섞어줍니다.

식용 진주를 붙일 때는 적은 양의 버터크림을 남겨놓은 후 책의 내용에 따라 케이크 표면에 색을 입히고 꽃 모양으로 스탬프 작업을 해 줍니다.

남겨놓은 묽지 않은 상태의 버터크림으로 꽃의 중간에 식용 진주 장식을 붙입니다.

케이크의 밑부분은 150-200g의 묽지 않은 밝은 분홍색 버터크림으로 수국을 짜주고 어두운 분홍색으로 중간을 짜 줍니다(3. 꽃 파이핑하기의 동백꽃과 수국 참고, P78).

1. 버터크림을 다양한 색으로 섞어 볼에 나누어 담은 후 물을 몇 방울을 넣어 농도를 묽게 만들어 줍니다 (A). 한 가지 컬러는 검정색이거나 아주 어두운 색으로 섞어 스탬프를 했을 때 배경색에 비해 눈에 띄게 하면 좋습니다.

2. 스폰지를 작은 정사각형으로 잘라 묽은 농도의 버터크림에 찍어줍니다 (B). 그런 다음 가볍게 케이크 표면에 두드려 줍니다. 색상마다 다른 스폰지를 사용하고, 사용했던 스폰지를 다시 케이크에 찍기 전에 스폰지 표면에 묻어 있는 여분의 버터크림을 정리합니다. 케이크 전체를 커버할 때까지 검정색 색상을 제외한 모든 색상의 크림을 이용해서 찍어줍니다 (C).

3. 쿠키커터 또는 다른 도구들로 검정 또는 짙은 색의 버터크림을 찍고 커터를 볼의 벽에 톡톡 치면서 커터에 묻은 여분의 크림을 제거한 후 천천히 케이크에 찍어줍니다. 원하는 개수만큼 반복해서 찍어줍니다 (D).

4. 노상 씩기까지 마무리가 되었으면 여러 상식들로 케이크를 꾸며도 상관없습니다. 예를 들면, 바탕색과 어울리는 색상의 식용 구슬을 같은 색으로 만든 버터크림을 짜서 붙여줍니다. 족집게를 이용하여 꽃의 중앙에 붙여주어도 좋습니다 (E).

tip

이 기법을 사용할 때에는 케이크는 색을 섞지 않은 버터크림으로 커버해 주세요. 스폰지로 케이크를 두드려 색을 더할 때에도 아주 적은 양의 묽은 색의 버터크림을 사용하는 것이 좋습니다. 그래야 스탬프를 찍은 모양이 더 도드라져 보일 수 있기 때문입니다. 또한 케이크를 차갑게 한 후 작업을 하면 스탬프를 찍을 때 케이크의 표면이 움푹 패이지 않아 좋습니다.

6
textile
effects

텍스타일 효과

옷장을 열어 여러분의 옷과 드레스 그리고 가디건을 살펴 보세요. 그러면 옷에 프린트된 디자인과 함께 멋진 옷감의 재질을 볼 수 있습니다. 이번 챕터에서는 버터크림을 이용해 이런 옷감, 직물들의 느낌을 표현하는 방법을 알아보겠습니다. 몇 가지의 작은 도구들로 케이크 위에 자수, 레이스, 숙련된 재봉사가 작업한 것 같은 크로셰(*역자주 : 손으로 짠 직물이나 레이스)를 마술같이 멋지게 작업할 수 있습니다.

브러쉬 자수 패턴

Brushed Embroidery

자수 디자인은 심플한 느낌이든 화려한 느낌이든 항상 정교한 느낌을 더합니다. 이 기법은 단순한 도구인 붓 하나만 있으면 되는데, 이러한 이유로 '브러쉬 자수 패턴'라는 이름으로 불립니다. 새나 동물을 만들기 위해 이 기법을 사용한 케이크는 많지만 이 기술로 꽃 장식을 만들면 의외로 예쁘게 장식할 수 있습니다. 그래서 이 책에서는 꽃을 만들었습니다. 붓을 사용해 버터크림을 가운데로 문지르듯 발라 주면서 색감을 표현할 뿐 아니라 자수를 놓은 듯한 모양을 남길 수 있습니다.

tip
버터크림을 브러쉬로 발라 줄 때, 브러쉬가 푹 젖는게 아니라 촉촉한 정도로만 물기가 묻도록 하세요. 어떤 디자인은 다양한 질감 표현을 위해 붓질을 하는 것 보다 파이핑을 하는 것이 더 좋을 때도 있습니다.

1. 원하는 도안을 찾아서 사용할 예정이면 「디자인 옮기기 방법을 사용하여(5. 디자인 옮기기, 스탬프와 스텐실 참고, P123) 디자인을 옮기되 도안의 좌, 우 등의 위치가 중요할 때에는 거울에 비친 듯 좌우가 바뀐 모양으로 프린트를 해 줍니다 *(A)*. 만약 케이크의 표면에 바로 파이핑을 해줄 때에는 붓질을 할 수 있도록 충분한 양의 버터크림을 짜 줍니다 *(B)*.

2. 꽃 모양의 전체적인 그림을 보며 줄기가 어디서부터 시작할지 생각해 두어야 합니다. 왜냐하면 그 곳이 꽃을 붓으로 그릴 때 붓의 방향이 모일 자리이기 때문입니다. 물이 담긴 볼에 붓을 담근 후 티슈에 한번 닦아 붓에 묻은 물을 한번 털어줍니다. 물기가 있는 촉촉한 붓을 사용하여 꽃의 가운데 방향으로 크림을 끌어 모아 붓질해 줍니다 *(C)*. 모든 꽃잎을 똑같은 방법으로 해 줍니다. 만약 버터크림을 모두 붓질했는데 꽃의 모양이 덜 완성되었다면 모양을 다시 한번 살짝 그려줍니다 *(D)*.

3. 수술 장식은 실제 같은 느낌의 입체 효과를 주기 위해 도트를 그려주고 뾰족한 모양으로 파이핑을 해 줍니다 (E). 수술 부분은 붓질을 해줄 필요는 없지만 원한다면 가능합니다.

4. 초록색 버터크림으로 잎 모양의 윤곽선을 따라 꽃잎과 같은 방법으로 붓질을 해 주는데 방향은 잎맥의 중앙으로 해 줍니다 (F).

케이크를 완성하기 위해…

- 25×15cm 원형 케이크(밑 아랫단), 20×10cm 원형 케이크(중간단), 15×10cm 원형 케이크 (맨 윗단)
- 버터크림 : 2.4-2.9kg
- 다월
- 식용 페이스트 타입 색소 : 빨간색(Sugarflair Ruby), 검정색(Sugarflair Liquorice), 초록색 (Sugarflair Spruce Green) (Wilton사의 경우 색상표 확인, P189)
- 끝 모양이 동그란 또는 납작한 모양의 작은 붓
- 물 한 컵
- 짤주머니
- 가위
- 케이크 받침대 또는 반죽으로 커버한 케이크 보드

크림 코팅한 후 색을 섞지 않은 800-900g의 버터크림으로 맨 밑단과 맨 윗단의 케이크를 커버한 후 매끄럽게 마무리해 줍니다(1. 버터크림 베이직의 커버링 케이크 참고, P28).
400-500g의 빨간색 버터크림으로는 중간단 케이크를 커버한 후 팔레트 나이프로 표면에 모양을 만듭니다 (4. 팔레트 나이프 테크닉 참고, P111).
다월을 꽂아 케이크 받침대 또는 반죽으로 커버한 케이크 보드에 세팅합니다(1. 버터크림 베이직 참고, P13).
남은 버터크림으로는 700-800g은 빨간색으로, 200-300g은 검정색으로 그리고 300-400g은 초록색으로 섞어 놓습니다.
책에 나온 사진과 설명을 참고하여 양귀비와 잎을 그려줍니다. 끝부분을 조금 자른 짤주머니를 이용하여 수술 부분에 파이핑을 해 모양을 더해 줍니다.

레이스

Lace

레이스 장식은 우아면서도 유행을 타지 않는 스타일로 케이크 장식에도 잘 어울립니다. 다양하게 응용할 수 있는 몇 가지 레이스 효과를 소개하겠습니다. 불규칙 모양의 레이스는 복잡함을 강조하기 위하여 하얀 케이크에 검정색 버터크림을 이용하여 자유롭게 파이핑을 합니다.
그물망 모양의 레이스는 다이아몬드를 연결한 듯한 모양으로 파이핑을 하는데,
이러한 효과를 내는 놀랍도록 쉬운 방법을 소개하겠습니다.
좀 더 다양한 효과를 위해 3가지 톤의 핑크색 버터크림을 사용하여 그라데이션 효과를 줄 수 있습니다.

Irregular Lace

불규칙 모양의 레이스 Irregular Lace

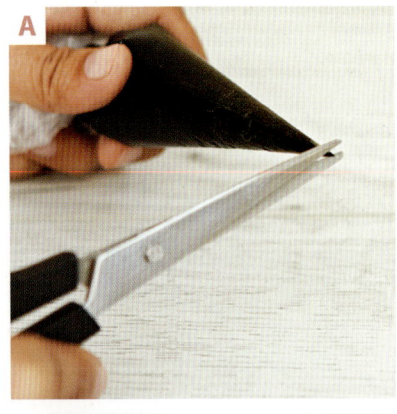
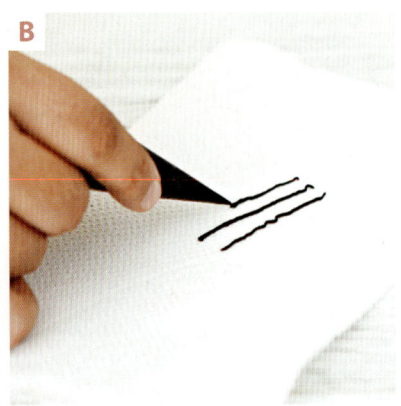
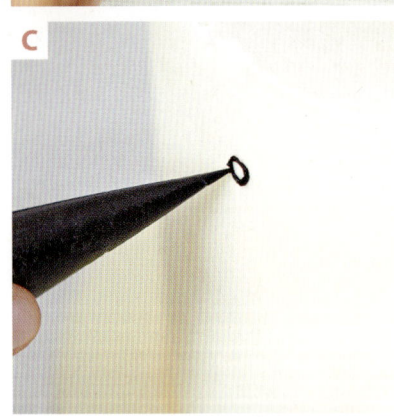
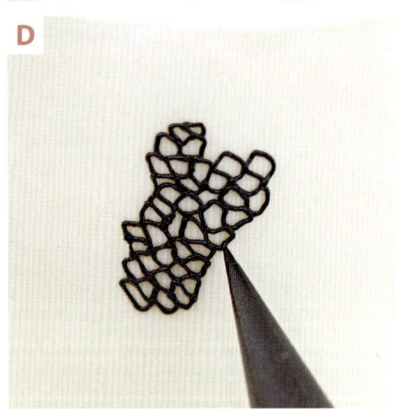

1. 짤주머니 안에 검정색 버터크림을 넣는데, 깍지는 끼워도 되고 끼우지 않아도 됩니다. 만약 깍지를 사용한다면 글씨 깍지 0번 또는 1번을 사용하면 됩니다. 깍지를 사용하지 않는다면 짤주머니 끝을 조금 잘라 준 후 원하는 선의 두께가 나올 때까지 크림을 짜 보며 조절합니다 *(A, B)*.

2. 파이핑 백의 끝부분 또는 깍지를 케이크 표면에 가깝게 놓고 짜서 버터크림이 케이크 표면에 잘 붙고 크림이 구부러지며 짜지지 않도록 해줍니다. 그런 후 작은 불규칙적인 동그라미를 그려 시작합니다 *(C)*.

3. 작은 불규칙한 동그라미를 서로 연결되게 그립니다 *(D)*. 동그라미끼리 연결하는 중에 파이핑 백의 끝이 케이크에서 떨어지면 크림의 끝이 뾰족하게 나옵니다. 이 부분에 대한 자세한 내용은 그물 모양 레이스 편을 참고하세요.

4. 계속 동그라미를 그려 서로 선이 연결될 수 있게 합니다. 이번 프로젝트에서는 작은 동그라미를 그리는 것부터 시작해서 케이크 밑단으로 내려갈수록 동그라미 사이즈가 점점 커지도록 그립니다 *(E)*.

tip 버터크림의 농도를 묽게 하여(물을 몇 방울 넣어줍니다.) 레이스를 만들 때 부드럽게 나올 수 있도록 하면 좋습니다.

케이크를 완성하기 위해…

- 25×7.5cm 원형 케이크(맨 밑단), 20×15cm 원형 케이크(중간단), 15×10cm 원형 케이크(맨 윗단)
- 버터크림 : 800g-1.5kg
- 다월
- 페이스트 타입 식용 색소 : 검정색(Sugarflair Liquorice), 초록색(Sugarflair Gooseberry or Spruce Green), 노란색(Sugarflair Autumn Leaf), 분홍색(Sugarflair Pink), 주황색(Sugarflair Egyptian Orange) (Wilton사의 경우 색상표 확인, P189)
- 글씨 깍지 0, 1 또는 1.5
- 작은 잎 깍지(Wilton 104)
- 작은 꽃잎 깍지(Wilton 104)
- 짤주머니
- 케이크 받침대 또는 반죽으로 커버한 케이크 보드

케이크를 버터크림으로 커버한 후 매끄럽게 마무리해 줍니다(1. 버터크림 베이직의 커버링 케이크 참고, P28).
다월을 꽂아 케이크 받침대 또는 반죽으로 키버한 케이크 보드에 세팅합니다(1. 버터크림 베이직 참고, P13).
200-300g의 버터크림을 검정색으로 섞은 후 물을 몇 방울 넣어 묽은 농도로 만들어 놓습니다.
책의 내용에 따라 케이크의 맨 윗단으로 갈수록 점점 더 빽빽하게 레이스 모양을 파이핑합니다.
300-400g의 버터크림을 각각 주황색, 분홍색 그리고 노란색으로 섞은 후 작은 꽃잎 깍지를 이용해
케이크의 맨 윗부분과 중간단, 맨 밑단의 모서리에 장미를 파이핑해 주고 초록색 크림과
작은 나뭇잎 깍지를 이용해 잎을 짜 줍니다(3. 꽃 파이핑하기의 장미와 장미 봉오리 참고, P95).
검정색 크림으로 케이크 맨 밑단의 가장자리를 파이핑하며 마무리합니다(2. 파이핑 텍스처와
패턴의 스크롤, 라인과 지그재그 참고, P69).

그물망 모양의 레이스 Fishnet Lace

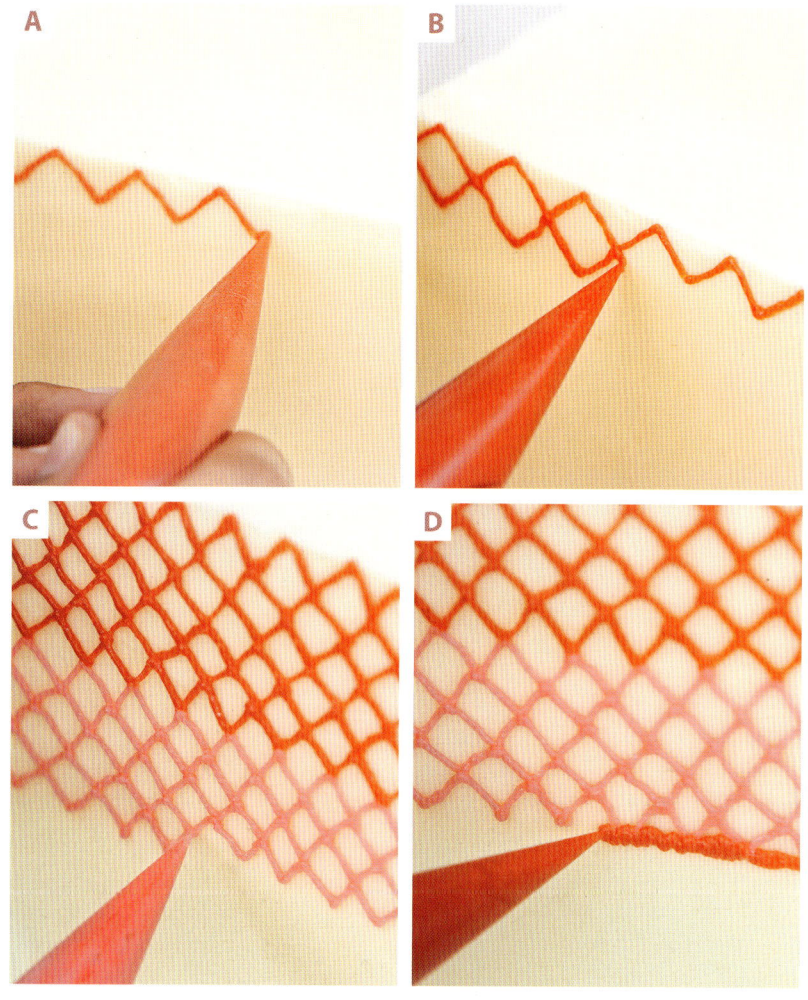

1. 2~3가지 그라데이션 톤의 색상을 짤주머니에 넣어 준비합니다. 글씨 깍지 0, 1을 사용하거나 짤주머니 끝을 조금 잘라 원하는 두께가 나올 때까지 크림을 휴지에 짜 보며 두께를 맞춰 놓습니다(6. 텍스타일 효과의 불규칙 모양의 레이스 참고, P144).

2. 케이크의 상단 왼쪽에서부터 가장 어두운 색의 버터크림을 이용하여 (또는 가장 밝은 색)같은 사이즈의 지그재그 선을 수평으로 짜 주어 첫 번째 선을 완성해 줍니다 (A).

3. 바로 밑에 두 번째 줄에 그 다음 톤의 버터크림으로 동일하게 지그재그를 그려 '다이아몬드' 형태가 되도록 합니다. 뾰족한 부분이 서로 붙을 수 있게 짜 줍니다 (B).

4. 다이아몬드를 몇 줄 만들었으면 다음 톤의 버터크림을 사용하여 같은 방법으로 모양을 완성합니다 (C).

5. 케이크의 가장자리나 모서리의 마무리 작업은 짤주머니를 더 힘 있게 짜 두꺼운 라인을 만들어 줍니다 (D).

tip
파이핑을 하며 연결할 때에 파이핑 백을 케이크에서 떼었다 놓이면서 짜면 끝이 뾰족하게 될 수 있습니다. 이럴 때에는 크림이 촉촉할 때 눌러주면 손가락에 묻으므로, 크림이 굳을 때까지 조금 기다렸다가 손으로 가볍게 눌러 주면 됩니다.

케이크를 완성하기 위해…

- 15×13cm 정사각형 케이크
- 버터크림 : 550g-1kg
- 페이스트 타입 식용 색소 :
  분홍색(Sugarflair Pink),
  어두운 빨간색(Sugarflair Ruby Red),
  초록색(Sugarflair Spruce Green)
  (Wilton사의 경우 색상표 확인, P189)
- 글씨 깍지 0, 1 또는 1.5
- 다월
- 작은 잎 깍지(Wilton 103)
- 작은 꽃잎 깍지(Wilton 352)
- 짤주머니
- 먹을 수 있는 작은 구슬
- 케이크 받침대 또는 반죽으로 커버한 케이크 보드

케이크는 버터크림으로 커버한 후 매끄럽게 마무리해 주고(1. 버터크림 베이직의 커버링 케이크 참고, P28) 케이크 받침대 또는 반죽으로 커버한 케이크 보드에 세팅합니다.
100-200g의 버터크림을 각각 3가지 톤의 분홍색으로 섞어주고 책에 나온 내용대로 레이스를 파이핑해 줍니다. 150-250g의 버터크림을 어두운 빨간색(Sugarflair Ruby Red와 Pink를 섞어줌)으로 섞은 후 100-150g은 초록색으로 섞어 수국과 잎을 케이크 표면에 짜 줍니다(3. 꽃 파이핑하기의 해바라기와 잎, 동백꽃과 수국 참고, P74~82). 식용 구슬을 이용해서 꽃의 수술 부분을 장식해 줍니다.

크로셰 – 뜨개질 모양

직접 뜨개질을 한 선물은 사랑과 정성이 많이 필요한 선물인데요, 이것을 먹을 수 있다면 얼마나 좋을까요? 이번 챕터에서는 두 가지 크로셰 기법을 소개합니다. 첫 번째는 케이크에 모양을 그린 후 직선과 곡선을 사용하여 모양을 내어 어깨에 덮는 숄처럼 케이크 위에 크로셰를 걸쳐 놓는 장식이고, 다른 하나는 케이크 모든 면에 버터크림으로 한땀 한땀 만들어 실제 크로셰와 비슷하게 보이게 하는 장식입니다. 크로셰는 매우 질서정연한 작업이고 서둘러 해서는 안 되는 작업으로 천천히 하다보면 마음을 진정시켜주고 완성된 결과는 매력적이고 우아합니다.

1. 이쑤시개나 끝이 뾰족한 것을 사용하여 케이크 표면에 모양을 그려 줍니다 (A).

2. 짤주머니 안에 크림을 넣고 끝을 잘라 작은 구멍을 만들어 줍니다. 가장 바깥선부터 그려준 모양의 바로 위에 파이핑을 하는데, 뜨개질하는 느낌을 내기 위해 윤곽선을 따라 계속해서 시계 방향으로 작은 동그라미를 그리듯해 줍니다 (B). 방금 짠 파이핑 바로 옆에 시계 반대 방향으로 똑같이 파이핑을 해주면 다른 느낌의 효과를 줄 수 있습니다 (C).

3. 나머지 모양에도 같은 방법으로 파이핑을 해 줍니다 (D). 두 줄 혹은 한 줄로 파이핑을 해 주며 다양한 변화를 줄 수 있습니다.

4. 가이드 선을 먼저 그린 후 파이핑을 해 주면 좀 더 작업이 쉬워질 수 있습니다. 아주 가는 선 하나를 먼저 짠 후 (E) 그 위에 크로셰를 짜 주면 됩니다 (F).

tip
크로셰 모양은 테이블보, 카디건, 상의 등에서
영감을 얻을 수 있습니다.

케이크를 완성하기 위해…

- 20×20cm 원형 케이크(밑단), 15×10cm 원형 케이크(윗단)
- 버터크림 : 2.35-2.75kg
- 다월
- 페이스트 타입 식용 색소 : 초록색(Sugarflair Gooseberry), 보라색(Sugarflair Grape Violet), 진한 초록색(Sugarflair Spruce Green) (Wilton사의 경우 색상표 확인, P189)
- 칵테일 스틱(이쑤시개)
- 짤주머니
- 가위
- 작은 꽃잎 깍지(Wilton 104)
- 케이크 받침대 또는 반죽으로 커버한 케이크 보드

크림 코팅한 후 다월을 꽂아 케이크 받침대 또는 반죽으로 커버한 케이크 보드에 세팅합니다(1. 버터크림 베이직 참고, P13).
800-900g의 초록색 크림으로는 케이크의 밑부분을, 800-900g의 색을 섞지 않은 버터크림으로는 윗부분을
커버합니다. 남은 버터크림으로는 500-600g은 보라색을, 250-350g은 진한 초록색으로 섞어줍니다.
책의 내용과 사진을 참고하여 보라색 버터크림으로 크로셰-그물망 모양으로 파이핑을 해줍니다.
케이크의 모서리 쪽에 진한 초록색으로 수국을 짜주는데 좀 더 입체적인 느낌을 주기 위해 크림으로
커다란 동그라미를 짜거나 동그란 모양으로 조금씩 짜서 쌓아올려
그 위에 꽃을 짜 줍니다(3. 꽃 파이핑하기의 동백꽃과 수국 참고, P78).
진한 초록색 크림을 담은 파이핑 백의 끝을 약간 잘라 케이크 맨 밑받침 쪽에
크로셰 파이핑을 해 마무리를 합니다.

고리모양 크로셰 Looped Crochet

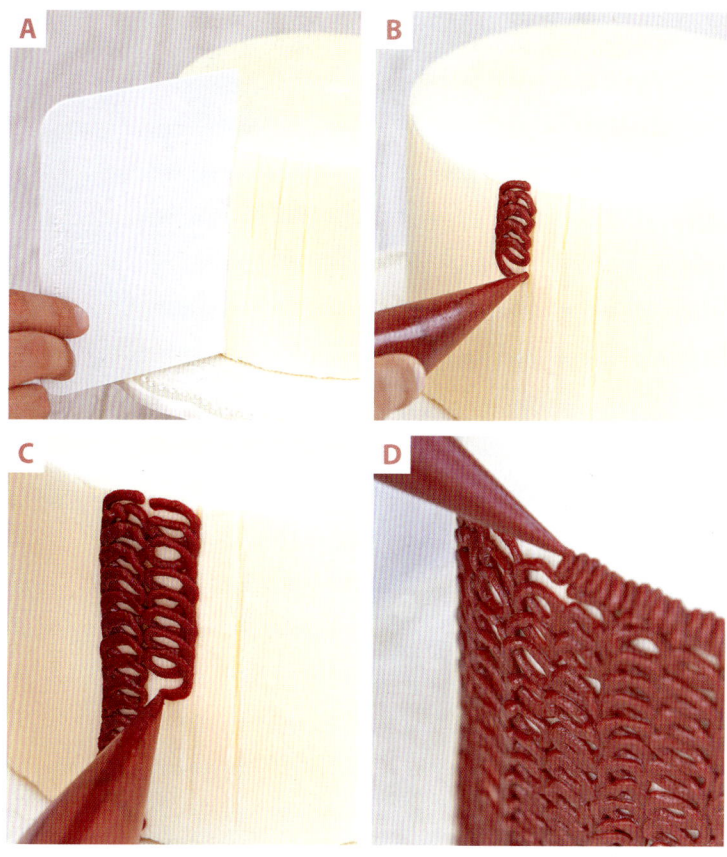

1. 스크래퍼나 자처럼 가장자리가 직선인 도구를 사용하여 케이크 표면에 1cm 간격으로 직선을 그어 줍니다 (A). 이 작업을 통해 모양이 일정한 너비로 짤 수 있습니다.

2. 짤주머니에 각각의 색의 크림을 넣어 끝을 조금 잘라 준비합니다. 케이크의 맨 위 가장자리부터 시작하여 밑쪽으로 작업을 진행합니다. 중간 사이즈 정도의 고리를 시계 반대 방향으로 짜 주는데 고리 하나의 중간에는 공간이 비어있도록 하고, 고리끼리는 서로 겹칠 수 있도록 짜 줍니다 (B).

3. 같은 방법으로 다음 칸을 반복해서 파이핑 해주는데 이번에는 시계 방향으로 짜 줍니다 (C). 케이크 전체를 모두 커버할 때까지 파이핑 해 줍니다. 크림의 색상을 바꾸며 다양한 느낌을 줄 수 있습니다.

4. 케이크의 밑부분 가장자리는 처음에 배웠던 기본 크로셰를 짜는 방법으로 파이핑 해 줍니다 (D).

tip
케이크 전체가 크로셰 모양으로 파이핑을 해 주었기 때문에 꽃 장식을 많이 해줄 필요가 없습니다. 케이크 전체 디자인이 크로셰 파이핑에 조금 더 집중할 수 있게 하는 편이 좋습니다.

케이크를 완성하기 위해…

- 20×10cm 원형 케이크(맨 밑단), 15×18cm 원형 케이크(중간단), 10×10cm 원형 케이크(맨 윗단)
- 버터크림 : 2.8-3.5kg
- 다월
- 페이스트 타입 식용 색소 : 베이지색(Sugarflair Caramel), 초록색(Sugarflair Gooseberry), 갈색(Sugarflair Dark Brown), 와인색(Sugarflair Burgundy), 회색(Sugarflair Liquorice), 하얀색(Sugarflair White), 진한 노란색(Sugarflair Autumn Leaf)
(Wilton사의 경우 색상표 확인, P189)
- 스크래퍼 또는 자
- 짤주머니
- 가위
- 나뭇잎 깍지(Wilton 352)
- 케이크 받침대 또는 반죽으로 커버한 케이크 보드

크림 코팅한 후 다월을 꽂아 케이크 받침대 또는 반죽으로 커버한 케이크 보드에 세팅합니다(1. 버터크림 베이직 참고, P13). 색을 섞지 않은 900g-1kg의 버터크림으로 커버한 후 매끄럽게 마무리합니다(1. 버터크림 베이직의 커버링 케이크 참고, P28).

남은 버터크림으로는 200-300g은 베이지색으로, 100-200g은 초록색과 갈색으로 각각 섞어주고, 600-700g은 와인색, 150-200g은 회색, 50-100g은 하얀색, 700-800g은 진한 노란색으로 섞어줍니다. 책의 내용과 사진을 참고하여 진한 노란색과 와인색, 회색 그리고 하얀색으로 크로셰 파이핑을 해줍니다. 케이크의 모서리나 밑단 부분은 처음에 배웠던 기본 크로셰 파이핑 하는 방법으로 짜 줍니다. 맨 윗단 케이크의 밑부분 쪽에 베이지색 버터크림으로 해바라기를 짜 주고(3. 꽃 파이핑하기의 해바라기와 잎 참고, P74), 초록색과 갈색으로 수술 부분을 도트 파이핑하며 마무리를 합니다.

7
writing

글씨 쓰기

마음을 담은 메시지를 써서 자신만의 특별한 손길이 느껴지는 케이크를 떠올려 봅니다. 너무나 사랑스럽겠지만 케이크를 망칠지 모른다는 걱정이 앞서기 마련입니다. 케이크를 데코레이션 하는 모든 기술들을 살펴 보았을 때 짤주머니를 사용하여 글씨를 쓴다는 것 자체는 쉽지 않은 작업으로 보입니다. 하지만 너무 두려워 마세요! 이 책을 통해 작은 몇 가지 도구의 도움을 받아 자유롭게 글씨를 쓸 수 있는 방법을 배울 수 있습니다. 예술적인 느낌의 글씨를 파이핑 할 때 어려움을 겪는(또는 글씨를 알아볼 수 없게 파이핑을 하는) 분들에게도 좋은 방법이 될 수 있습니다.

직접 파이핑하기

Direct Piping

이 방법은 케이크에 글씨를 흘려 쓰거나 또박또박 읽기 쉽게 쓰고 싶은 분들에게 자신감을 주기 위한 방법입니다.

이 기술로 버터크림 파이핑 백을 이용하는데 케이크에 바로 글씨를 쓸 수 있을 것입니다.

짤주머니를 바르게 잡고 적당한 힘을 주면 완벽하게 손으로 글씨를 파이핑 할 수 있을 것입니다.

깍지의 효과 Effects of Nozzles

아래 그림은 5 종류의 깍지를 사용해 'LOVE' 글씨를 짠 것을 보여 주는데, 이 이미지는 단지 여러 깍지 중 일부만 보여드리는 겁니다. 깍지를 바꾸면 글씨의 모양도 달라져 케이크에 다른 느낌으로 파이핑할 수 있습니다.

다양한 모양의 글씨체 Different Writing Styles

아래 그림은 많은 글씨체 중 몇 가지를 보여줍니다. 유머러스한 글씨체에서 로맨틱한 글씨체까지 어떤 디자인의 글씨체를 사용하는가에 따라 전체적인 케이크의 이미지가 달라질 수 있습니다. 아래 모든 예는 글씨 깍지 하나만 이용하여 파이핑 한 것입니다.

글씨 깍지 (Writing nozzle)

동그란 모양의 깍지 (Simple round nozzle)

별 모양 깍지 (Small star nozzle)

국화 깍지 (Chrysanthemum nozzle)

바구니 깍지 (Basketweave nozzle)

필요한 것은...

- 버터크림
- 짤주머니
- 가위
- 글씨깍지 0-3(선택 사항)

글씨 깍지를 사용할 수도 있고 짤주머니의 끝을 조금 잘라 글씨를 쓸 수도 있습니다. 깍지나 짤주머니의 끝이 케이크의 표면에 살짝 닿도록 하여 크림을 짤 때 구불구불하게 짜지지 않도록 합니다. 이상적인 방법은 짤주머니를 바로 잡고 동일한 압력의 힘을 주어 처음부터 끝까지 일정한 두께로 글씨를 짜면 좋습니다. 또한 글씨를 쓰는 손목을 케이크의 모서리에 아주 살짝 대거나, 다른 한 손으로 짤주머니를 잡은 손을 받쳐 손의 떨림을 줄여주는 게 좋습니다. 이쑤시개를 이용하여 글씨가 시작하는 지점과 끝나는 지점을 점으로 표시해 두고 케이크 표면에 디자인을 옮기는 방법을 사용하는 것도 좋습니다(7. 글씨 쓰기의 디자인을 옮겨 짜기 참고, P159).

tip

보다 완성도 높은 손글씨체를 위해서는 먼저 글씨가 파이핑 될 케이크의 넓이만큼 종이를 잘라 종이에 한번 써 보는 것입니다. 이 작업을 통해 글씨가 케이크에 적당한 크기인지 미리 볼 수 있습니다.

글씨를 그린 후 짜기

Painting

이 방법은 붓을 사용하는 방법으로 쉬울 수도, 어쩌면 어려울 수도 있는 방법입니다. 쉬운 이유는 사용하는 도구가 그림을 그리는 붓이기 때문인데, 먼저 붓으로 모양을 그린 후 그 위에 파이핑을 해 주면 됩니다. 하지만 아주 섬세한 버터크림 표면 위에 바로 글씨를 그려야 하기 때문에 다소 어려울 수 있습니다. 그럼에도 불구하고 완성되었을 때에는 어떤 것 보다 훨씬 더 예술적인 느낌으로 표현할 수 있습니다.

1. 먼저 케이크와 같은 사이즈의 종이 위에 써야 할 메시지의 초안을 써 보고 위치를 잡아봅니다. 여러 모양의 폰트를 보면서 영감을 얻는 것도 좋은 아이디어입니다. 페이스트나 젤 타입의 식용 색소를 물, 순도 높은 알코올, 보드카 또는 레몬주스 등을 이용하여 희석하는데 *(A)*. 만약 가루 타입의 색소를 사용한다면 물을 제외한 다른 재료를 사용하여 희석해 줍니다. 글씨나 모양을 그릴 때에는 끝이 둥근 모양의 작은 붓을 이용하면 좋습니다.

2. 붓에 색소를 묻히는데 붓에 남은 색소는 살짝 닦아주면서 작업합니다. 조심스럽게 케이크의 표면에 메시지를 써 줍니다. 처음에는 형태만 볼 수 있도록 흐리게 그리는데 모양을 조금씩 바꾸며 원하는 글씨체를 완성해 나갑니다. 초안이 마음에 든다면 그 위에 계속해서 원하는 컬러의 톤이 나올 때까지 덮어서 글씨를 마무리합니다 *(B)*.

필요한 것은...

- 페이스트, 젤, 가루 등 원하는 타입의 식용색소
- 끝이 동그란 작은 붓
- 팔레트
- 물, 순도가 높은 알코올, 보드카 또는 레몬주스

* 역자주 : 순도가 높은 알코올(rejuvenating alcohol)은 글씨를 쓸 때 색소와 함께 섞어 사용하는 알코올 제품으로 해외에서는 이 이름으로 시판되어 판매되고 있음. 참고로 알코올 제품으로 우리나라에는 수입이 안됨

tip

색소를 희석할 때에는 보드카나 레몬주스가 크림의 맛을 변화시킬 수 있기 때문에 가능하면 물을 사용하는 것이 좋습니다. 페이스트나 젤 타입의 색소는 가루 타입의 색소보다 더 진한 색의 효과를 줄 수 있습니다.

디자인을 옮겨 짜기

Pattern Transfer

본인의 글씨체가 엉망으로 보이지만 그래도 케이크에 직접 손으로 메시지를 써보고 싶다고요?
그렇다면 프린트한 글씨를 이용하면 문제될 것이 없습니다.
필요한 것은 컴퓨터로 원하는 단어를 쓰고 폰트를 정해 써주기만 하면 됩니다.
인쇄된 글씨가 준비되었다면 작업을 시작해 보겠습니다.

필요한 것은...

- 버터크림
- 짤주머니
- 가위
- 인쇄한 글씨
- 유산지/투명한 아세테이트 비닐 또는 디자인을 옮길 수 있는 재료

A

1. 컴퓨터로 폰트를 정해 원하는 메시지를 작성합니다. 프린트 하기 전 글씨 크기가 케이크에 잘 맞는지 다시 확인하고, 거울에 비친 것 같이 좌우가 바뀐 모양으로 인쇄합니다 *(A)*.

2. 모양의 바깥쪽 부분을 잘라준 후 그 위에 유산지나, 투명한 아세테이트 비닐 또는 디자인을 옮길 수 있는 다른 재료를 놓고 크림을 넣은 파이핑 백의 끝부분을 조금 짤라 글씨 모양으로 파이핑을 해 줍니다 *(B)*.

B

3. 다 되었으면 유산지를 케이크에 놓고 가볍게 눌러 크림을 묻게 한 후 *(C)* 벗겨줍니다 *(D)*. 그 위에 다시 파이핑을 하며 마무리를 합니다.

tip

너무나 당연한 이야기이지만, 의외로 사람들이 놓칠 수 있는 부분인데, 인쇄하기 전에 반드시 오타나 맞춤법을 확인합니다. 몇 초밖에 걸리지 않는 확인 작업으로 많은 시간이 걸리는 작업시간을 줄일 수 있다는 점 기억해 두세요.

C

D

엠보싱 또는 스텐실하기

Embossing or Stenciling

글씨를 쓰는 모든 기술 중 엠보싱과 스텐실 기술은 가장 세밀하고 정교한 결과물을 만들 수 있습니다. 이 기술을 사용함으로써 원하는 정확한 모양과 크기, 전체적인 스타일을 맞출 수 있고 작업시간 또한 줄여줍니다. 이 작업을 통하여 빠른 시간 안에 소비자가 원하는 맞춤 케이크를 제작할 수 있습니다!

필요한 것은...

- 버터크림(농도가 묽은)
- 짤주머니
- 가위
- 엠보싱 하는 도구 또는 스텐실
- 팔레트 나이프
- 글씨 깍지 0-3(선택 사항)

A

tip

스텐실 작업을 할 때에는 케이크를 냉장고에 잠시 보관해서 차갑게 한 후 작업하면 좋습니다. 표면이 차가워야 스텐실을 떼어 낼 때 딸라붙지 않고 모양이 금방 굳어져 케이크에 크림 자국이 남는 것을 방지할 수 있습니다.

B

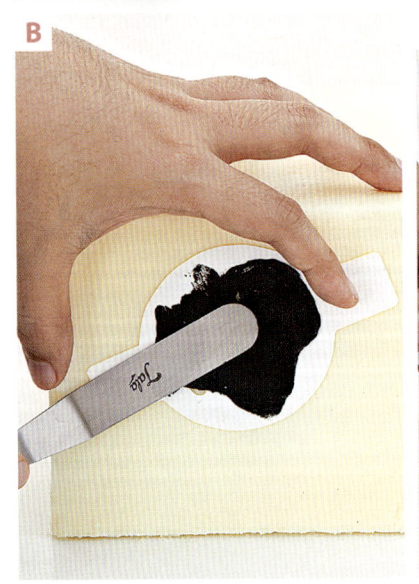

C

1. 이 기술을 위해서는 버터크림을 살짝 묽은 농도로 만들어야 합니다(4. 팔레트 나이프 테크닉의 팔레트 나이프와 붓 터치 기술 참고, P112). 만약 엠보싱 도구를 사용한다면 케이크 표면에 도구를 살짝 눌러준 후 그 위에 모양을 따라 버터크림을 파이핑해 주면 됩니다.

2. 스텐실을 사용할 때에는 스텐실 도구를 케이크 위에 놓고 파이핑 백에 담은 묽은 농도의 버터크림을 짜 줍니다 *(A)*. 팔레트 나이프로 버터크림을 펴 발라 준 후 *(B)* 스텐실 도구를 떼어냅니다 *(C)*.

독창적인 글쓰기

Using Writing Creatively

말로는 마음을 충분히 전달하기 어려울 때 케이크에 스타일을 살린 메시지를 넣어
누군가를 깜짝 놀라게 하는 상상을 해 봅시다. 버터크림으로 여러분이 말하고 싶은 어떤 것이든지
표현할 수 있다면 얼마나 멋있고 달콤한 방법일까요? 다음 내용에서는 글씨를 쓰는 모든 기술을 섞고
잘 접목하여 사진과 같이 아주 멋진 글씨를 넣은 케이크를 만들어 보겠습니다.
케이크에 표현된 단어의 뜻은 모두 '사랑'이란 뜻입니다.

1. 자 또는 스크래퍼를 사용하여 케이크 밑 쪽에 표시를 한 후 여러 가지 색상의 크림을 사용하여 사각형 모양으로 파이핑을 합니다(6. 텍스타일 효과의 크로셰 참고, P149).

2. 스텐실 작업을 먼저 시작합니다. 왜냐하면 이 작업은 충분한 공간이 필요하기 때문입니다 *(A)*. 색을 섞은 버터크림을 사용합니다.

3. 엠보싱 도구를 사용하여(7. 글씨 쓰기의 엠보싱 또는 스텐실하기 참고, P160) 자국을 낸 후 그 위에 모양을 따라 파이핑을 해 줍니다.

4. 마지막으로, 남은 공간에 자유롭게 파이핑을 하거나 글씨를 그리는 방법 등을 이용해 글씨를 짜 줍니다 (7. 글씨 쓰기의 직접 파이핑하기, 글씨를 그린 후 짜기 참고, P156~158). 왜냐하면 이 방법은 남은 공간에 맞춰 쉽게 파이핑을 할 수 있기 때문입니다. 남은 공간은 간단한 모양을 파이핑해서 채울 수 있습니다.

tip
스텐실과 엠보싱 작업은 충분한 공간이 필요하기 때문에 다른 작업하기 전에 꼭 먼저 해야 합니다.

케이크를 완성하기 위해…

- 20×25cm 사각형 모양의 케이크(아랫단), 15×13cm 사각형 모양의 케이크(윗단)
- 버터크림 : 2.3-3kg
- 다월
- 페이스트 타입 식용 색소 : 빨간색(Sugarflair Ruby), 분홍색(Sugarflair Pink), 어두운 분홍색(Sugarflair Dusky Pink), 와인색(Sugarflair Burgundy), 검정색(Sugarflair Black)
(Wilton사의 경우 색상표 확인. P189)
- 스크래퍼 또는 자
- 짤주머니
- 가위
- 엠보싱 도구, 스텐실 도구
- 팔레트 나이프
- 끝이 동그란 모양의 작은 붓
- 검정색 젤 또는 페이스트 타입 식용 색소
- 물, 순도가 높은 알코올, 보드카 또는 레몬주스
- 페인트 팔레트
- 글씨 깍지 0-3(선택 사항)
- 케이크 받침대 또는 반죽으로 커버한 케이크 보드

크림 코팅한 후 다월을 꽂아 케이크 받침대 또는 반죽으로 커버한 케이크 보드에 세팅합니다(1. 버터크림 베이직 참고, P13).

색을 섞지 않은 버터크림 900g-1kg으로 커버한 후 매끄럽게 마무리해 줍니다(1. 버터크림 베이직의 커버링 케이크 참고, P28).

남은 버터크림으로는 200-300g의 빨간색, 분홍색, 어두운 분홍색 그리고 와인색으로 각각 섞어놓고, 300-400g의 검정색 크림을 2개를 섞어 준비하는데, 하나는 묽은 농도로 섞어둡니다.

사진을 참고하여 케이크의 밑부분은 빨간색과 분홍색, 파란색, 어두운 분홍색 그리고 와인색으로 크로셰 파이핑을 해줍니다 (6. 텍스타일 효과의 크로셰 참고, P149).

책의 내용에 따라 검정색 기본 농도의 크림과 묽은 농도의 크림, 검정색 페이스트 또는 젤타입 색소를 사용해 글씨나 모양을 넣어 장식합니다.

8
beyond buttercream

버터크림 이외의 장식

사탕 같은 달콤한 디저트가 아이들만을 위한 것이라고 생각할지 모르지만, 이번 챕터에서는 달콤한 사탕들이 케이크를 장식하면 얼마나 예쁘게 되는지 알려드리겠습니다. 과일 맛 시리얼 또는 박하사탕 한 봉지와 같은 모든 음식이 재료가 될 수 있고, 아주 훌륭한 장식이 되어 보는 재미, 먹는 재미를 더할 수 있습니다.

장식할 재료의 선택

Embellishment Choices

여러 색상의 사탕, 초콜릿 그리고 달콤한 캔디 류의 제품들은 모두 케이크의 사랑스러운 장식이 될 수 있습니다. 색상을 고를 때에는 버터크림과 비슷한 색이나, 보색이 되는 색상을 고릅니다. 동그란 모양의 캔디들은 꽃의 가운데 놓아주거나 케이크의 가장자리를 장식하고 창의적인 모양이나 단어를 그릴 때 유용하게 쓰일 수 있습니다. 다만 쿠키나 마시멜로 같은 재료는 며칠이 지나면 신선해 보이지 않거나 마를 수 있다는 점을 기억하세요. 아래에는 제가 좋아하는 장식할 수 있는 재료들을 모았습니다.
어떤 장식을 선택하든 케이크에 붙일 때에는 버터크림을 짠 후 장식을 붙이면 됩니다.

다양한 색상의 식용 사탕 구슬

비행 접시 모양의 과자

오레오 쿠키

금색 식용 사탕구슬
(*역자주: 우리나라는 수입 안 됨)

마시멜로

젤리

식용종이 프린트

식용 종이 — Rice Paper

이 작업은 눈 깜짝할 사이에 끝날 수 있는 작업입니다! '상상력에 한계란 없다!' 제가 항상 하는 말처럼 여러분이 해야 할 것은 머릿속에 완벽한 이미지들을 생각해서 찾기만 하면 되는 것입니다.
이미지들은 실제 생활에 있는 것을 직접 사진을 찍어도 되고 인터넷을 통해 찾을 수도 있습니다.
다만 인터넷에서 찾은 사진을 사용할 때에는 저작권 침해에 주의해야 합니다.
원하는 이미지를 찾았다면 라이스 페이퍼나 아이싱 시트 등의 식용 종이를 이용하여 프린트할 수 있는 곳을 찾아서 주문한 후 케이크에 붙이기만 하면 됩니다.
(*역자주 : 우리나라에서 식용 종이를 이용해서 프린트를 해주는 곳을 찾기가 어렵습니다.)

1. 식용 종이에 프린트된 이미지를 받은 후 케이크의 어떤 위치에 붙일지 결정하고, 이미지의 가장자리 부분을 자른 후 *(A)* 보호비닐을 벗겨냅니다 *(B)*.

2. 이미지를 붙이고자 하는 곳에 팔레트 나이프를 이용하여 크림을 조금 바른 후 *(C)* 그림을 붙여줍니다 *(D)*.

tip
프린트된 이미지의 색상이 번지는 것을 막기 위해 식용 글루를 바를 수 있습니다.
(*역자주 : 우리나라에선 이것에 해당하는 식용 글루가 수입이 되거나 판매되지 않습니다.)

라이프 페이퍼와 아이싱 시트

라이스 페이퍼는 기본적으로 겉모양은 일반 종이같이 생겼지만 먹을 수 있습니다. 아이싱 시트는 좀 더 두껍고, 무겁지만 매우 유연합니다. 뒤에 무언가 받쳐주는 것 없이는 단독으로 사용하기 어려워 케이크에 붙일 때 사용하는 것이 가장 좋습니다. 라이스 페이퍼는 프린트 후 색상이 아이싱 시트에 한 것만큼 밝거나 선명하지 않으므로, 프린트 후 페인트 붓이나 식용 펜을 이용해 덧칠을 해도 좋습니다. 하지만 액체 상태의 색소를 너무 많이 사용하면 라이스 페이퍼에 색소가 녹아 주름이 생길 수 있으니 주의하기 바랍니다. 아이싱 시트는 프린트 후 겉 부분을 잠시 말리면 단단해져서 케이크에 붙일 때 더 좋습니다. 하지만 너무 오래 두면 단단해져서 부러질 수 있으니 주의하기 바랍니다.

3. 좀더 생동감 있는 나비를 원한다면 케이크에 붙이기 전에 나비의 중간을 살짝 접어줍니다 (E). 이 방법은 라이스 페이퍼를 이용했을 때만 가능하니, 아이싱 시트로는 시도하지 마세요.

4. 선택 사항으로, 질감을 좀 더 살리기 위해 파이핑을 더 추가할 수 있습니다.

케이크를 완성하기 위해…

- 20×10cm 원형 케이크(밑단), 15×10cm 원형 케이크(윗단)
- 버터크림 : 1.4-1.8kg
- 다월
- 식용 페이스트 타입 색소 : 보라색(Sugarflair Grape Violet), 노란빛을 띤 초록색 (Sugarflair Bitter Melon), 노란색(Sugarflair Melon) (Wilton사의 경우 색상표 확인, P189)
- 짤주머니
- 가위
- 팔레트 나이프
- 스크래퍼
- 이미지를 프린트 한 라이스 페이퍼나 아이싱 시트
- 케이크 받침대 또는 반죽으로 커버한 케이크 보드

크림 코팅한 후 다월을 꽂아 케이크 받침대 또는 반죽으로 커버한 케이크 보드에 세팅합니다(1. 버터크림 베이직 참고, P13). 버터크림을 색을 섞어 놓는데, 300-400g의 버터크림을 각각 보라색, 노란빛을 띤 초록색 그리고 노란색으로 섞은 후 500-600g은 색을 섞지 않고 남겨둡니다. 케이크 커버는 색이 있는 버터크림과 팔레트 나이프를 이용해 블렌딩 효과를 줍니다(4. 팔레트 나이프 테크닉의 블렌딩 참고, P114).
그런 후 남은 크림은 스크래퍼를 이용하여 제거하며 표면을 매끄럽게 마무리해 줍니다(1. 버터크림 베이직의 커버링 케이크 참고, P28). 책에서 제공하는 이미지를 살펴본 후 라이스 페이퍼 또는 아이싱 시트에 프린트해서 모양을 붙여줍니다.

스프 링클

Sprinkles

스프링클은 설탕으로 만든 색이 있는 작은 구슬을 말합니다.
보통 케이크 디자인에서는 이 스프링클로 케이크 전체를 커버하는데, 우리는 평범한 디자인의 케이크보다는
고급스러운 디자인의 케이크를 원하기에 이번 챕터에서는 장식할 모양을 정해 이 부분을 제외한 곳에만
스프링클을 묻힐 계획입니다.
작은 구슬이 컵 케이크의 토핑으로만 사용되는 것이 아니라 멋진 케이크를 장식하는 재료가 되는 것을 확인하세요!

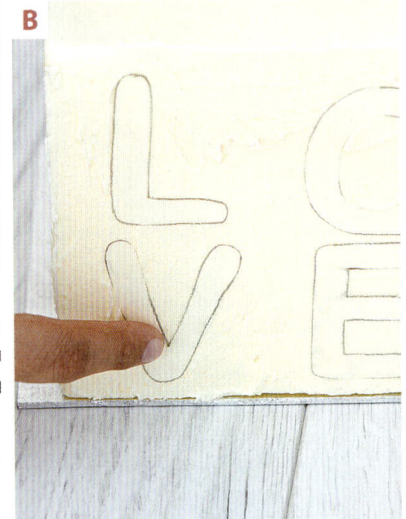

tip
케이크가 작다면 이렇게 스프링클에 케이크를 둘려가며 놓아주는 것이 좋지만, 크기가 큰 케이크라면 스프링클을 스푼으로 떠서 케이크에 놓려가며 놓이면 됩니다.

1. 케이크를 커버한 후 매끄럽게 마무리 해주고 냉동고에 넣어 차갑게 둡니다. 그동안 모양을 준비하는데, 모양을 프린트한 후 유산지 위에 그려 자를 수도 있고, 그냥 자유롭게 그려도 좋습니다 *(A)*.

2. 케이크를 냉장고에서 꺼낸 후 모양을 붙여 줍니다 *(B)*. 잘라 놓은 모양은 버터크림을 바른 케이크에 직접 붙어 있어야 하는데 잘 붙지 않는다면 버터나 쇼트닝을 조금 발라 붙여도 좋습니다.

3. 빨간색과 하얀색의 스프링클을 섞어 쟁반에 충분히 모아둡니다 *(C)*. 유산지를 잘라 손으로 잡을 부분에 붙여 케이크를 보호한 후 작은 케이크의 경우에는 케이크를 들어올려 스프링클을 모은 쟁반에 찍어 살짝 눌러줍니다 *(D)*.
같은 방법으로 케이크의 다른 면에도 모두 스프링클을 붙여줍니다.

Buttercream Bible

4. 칵테일 스틱(이쑤시개)으로 남은 스프링클을 털어낸 후 *(E)* 처음에 붙였던 유산지를 떼어냅니다.

케이크를 완성하기 위해…

- 15×13cm 사각형 케이크(밑단), 10×10cm 사각형 케이크(윗단)
- 버터크림 : 1.3~1.6kg
- 다월
- 식용 페이스트 타입 색소 : 하늘색(Sugarflair Baby Blue), 베이지색(Sugarflair Caramel)
  (Wilton사의 경우 색상표 확인, P189)
- 펜
- 가위
- 빨간색, 하얀색 스프링클
- 넓고 얕은 쟁반
- 짤주머니
- 칵테일 스틱(이쑤시개)
- 작은 꽃잎 깍지(Wilton 104)
- 케이크 받침대 또는 반죽으로 커버한 케이크 보드

케이크를 크럼 코팅해 준 후(1. 버터크림 베이직 참고, P13), 500~600g의 하늘색 버터크림으로 맨 윗단을, 600~700g의 색을 섞지 않은 버터크림으로 밑단을 커버한 후 표면을 매끄럽게 마무리합니다 (1. 버터크림 베이직의 커버링 케이크 참고, P28).
밑단 케이크를 냉동실에 넣고 차갑게 해준 후 책의 내용에 따라 모양을 제외한 나머지 부분에 스프링클을 묻힙니다.
다월을 꽂아 케이크 받침대 또는 반죽으로 커버한 케이크 보드에 세팅합니다(1. 버터크림 베이직 참고, P13).
200~300g의 버터크림을 베이지색으로 섞어 장미를 짠 후(3. 꽃 파이핑하기의 장미와 장미 봉오리 참고, P95), 윗단의 아랫 부분에 붙여줍니다.

사탕 _Candies_

케이크를 아주 쉽게 꾸미는 또 다른 방법을 소개합니다. 여러분에게만 특별히 공개합니다!
서로 잘 어울리는 색상의 사탕들을 선택해서 케이크의 색을 보완해 줄 수 있습니다.
방법은 전체적인 모양을 생각해서 사탕을 케이크에 붙이기만 하면 됩니다.
간단한 파이핑 꽃이나 소용돌이 모양의 파이핑으로 모양을 더욱 돋보이게 할 수 있습니다.

1. 사탕의 포장을 제거한 후 사탕과 잘 어울리는 색상의 버터크림으로 케이크에 붙여줍니다 *(A)*. 케이크의 밑단 전체에 돌려가며 붙여줍니다.

2. 별 모양 깍지(Wilton 16)를 이용하여 사탕의 윗부분을 쉘 모양으로 파이핑해 줍니다(2. 파이핑 텍스처와 패턴의 쉘 파이핑과 플뢰르-드-리스 참고, P66). 사탕을 좀 더 예쁘게 보임과 동시에 깔끔하게 마무리하는 효과를 줍니다.

3. 가위를 사용하여 감초사탕을 지름 1cm 정도의 작은 동그라미 모양으로 잘라 줍니다 *(C)*. 이때 두께는 모두 같도록 잘라 줍니다.

4. 간격에 맞춰 자른 감초사탕을 케이크 표면에 붙여주는데 *(D)* 사탕을 붙일 때처럼 버터크림을 발라 붙일 필요는 없습니다. 이러한 방법으로 케이크 전체에 붙입니다.

tip
색상이 서로 잘 어울리는 캔디 장식들이라면 사탕, 마시멜로, 초콜릿 칩 외에 예쁜 사탕류 아무거나 선택하여 전체 케이크의 색상과 잘 어울리게 완성하세요.

케이크를 완성하기 위해…

- 15×30cm 원형 케이크
- 버터크림 : 1.9-2.4kg
- 식용 페이스트 타입 색소 : 검정색 (Sugarflair Liquorice), 초록색(Sugarflair Spruce Green), 밝은 초록색(Sugarflair Gooseberry), 연한 보라색(Sugarflair Grape Violet)
  (Wilton사의 경우 색상표 확인, P189)
- 검정색 감초사탕
- 검정색과 하얀색이 줄무늬로 섞여있는 박하사탕
- 가위
- 짤주머니
- 작은 별 깍지(Wilton 16)
- 작은 꽃잎 깍지(Wilton 103)
- 작은 잎 깍지(Wilton 352)
- 케이크 받침대 또는 반죽으로 커버한 케이크 보드

크림 코팅한 후(1. 버터크림 베이직 참고, P13) 800-900g의 색을 섞지 않은 버터크림으로 커버하여 매끄럽게 마무리해 주고(1. 버터크림 베이직의 커버링 케이크 참고, P28), 케이크 받침대 또는 반죽으로 커버한 케이크 보드에 세팅합니다.
남은 버터크림으로는 200-300g의 초록색, 밝은 초록색 그리고 연한 보라색으로 각각 섞어 주고 500-600g은 검정색으로 섞어 줍니다.
책의 내용과 사진을 참고하여 사탕을 붙이고 파이핑을 해 줍니다.
밝은 초록색과 연한 보라색으로 케이크의 윗부분에 수국을 파이핑해 준 후(3. 꽃 파이핑하기의 동백꽃과 수국 참고, P78) 초록색 버터크림으로 잎도 파이핑해 줍니다(3. 꽃 파이핑하기의 해바라기와 잎 참고, P74).

Cereals

아침 식사용으로 사용되는 평범한 시리얼이 어떻게 이런 귀여운 데코레이션 재료로 사용되는지 알면 정말 놀랄 겁니다. 할 일은 시리얼들을 케이크에 붙여주는 것뿐입니다. 더 좋은 점은 시리얼이 바삭한 식감이라서 부드러운 크림, 촉촉한 케이크와 함께 더 맛있는 케이크를 완성할 수 있다는 점입니다.

시리얼

1. 작은 칼을 사용하여 시리얼을 반으로 잘라 줍니다 **(A)**.

2. 장식은 케이크의 윗 부분부터 시작하며 한 줄로 나열하듯 색상을 섞어 케이크 둘레 전체에 붙여주며 **(B)** 이때 서로 간격이 떨어지지 않게 합니다.

3. 같은 방법으로 케이크의 표면에 모두 붙이되, 빈 공간이 하나도 보이지 않도록 붙여 줍니다 **(C)**.

4. 케이크의 윗 부분은 자르지 않은 시리얼을 사용하며 가볍게 눌러주듯 붙이고, 역시 빈 공간이 생기지 않게 주의합니다 **(D)**.

tip

버터크림을 바를 때에는 케이크에 넉넉히 발라 주는데 두께가 0.5cm 조금 넘도록 발라 시리얼 장식이 케이크에 잘 붙어 떨어지지 않게 합니다.

Buttercream Bible

D

케이크를 완성하기 위해…

- 20×10cm 원형 케이크(밑단), 15×10cm 원형 케이크(윗단)
- 버터크림 : 1.9−2.3kg
- 다윌
- 식용 페이스트 타입 색소 : 보라색(Sugarflair Grape Violet), 초록색(Sugarflair Gooseberry), 노란색(Sugarflair Melon) (Wilton사의 경우 색상표 확인, P189)
- 아침 식사용 시리얼, 여기에서는 과일 맛 시리얼을 사용했음
- 작은 칼
- 짤주머니
- 가위
- 작은 꽃잎 깍지(Wilton 104)
- 작은 잎 깍지(Wilton 352)
- 케이크 받침대 또는 반죽으로 커버한 케이크 보드

크림 코팅한 후 다윌을 꽂아 케이크 받침대 또는 반죽으로 커버한 케이크 보드에 세팅합니다(1. 버터크림 베이직 참고, P13). 800−900g의 색을 섞지 않은 버터크림으로 2개의 케이크를 모두 커버합니다. 케이크의 맨 윗부분을 매끄럽게 마무리해 주고(1. 버터크림 베이직의 커버링 케이크 참고, P28), 케이크 받침대 또는 반죽으로 커버한 케이크 보드에 세팅합니다. 800−900g의 노란색 버터크림으로 케이크 맨 밑단에 러플을 짜 줍니다(2. 파이핑 텍스처와 패턴의 업 앤 다운 투톤 러플 참고, P47). 남은 버터크림으로는 200−300g은 보라색으로, 100−200g은 초록색으로 섞어 줍니다. 책의 내용과 사진을 참고하여 시리얼을 붙여주고, 보라색과 초록색 버터크림으로 바이올렛과 잎을 짜 줍니다(3. 꽃 파이핑하기의 해바라기와 잎 참고, P74). 시리얼 하나를 꽃의 중간에 붙여 마무리를 합니다.

템플릿

Templates

이 템플릿은 스캔하거나 복사하여 크기를 조정해서 사용할 수 있습니다.

나비

우아한 분홍색 장미 그림

팬지

Acknowledgment

출판사 F&W 메디아의 도움이 없었다면 우리는 이 책을 출판하지 못하였을 뿐 아니라 아마 우리가 가지고 있는 모든 아이디어와 열정이 여러분에게 전달되지 못했을 것입니다. 이에 도움을 주신 모든 분들에게 감사 인사를 올립니다. 엠 버르소(Ame Verso), 제인 트로로페(Jane Trollope), 엠마 가드너(Emma Gardner,) 빅토리아 막스(Victoria Marks,) 제인 브룩스(James Brooks) 뿐 아니라 나머지 분들에게도 먼저 감사를 드립니다. 또 훌륭한 사진 작가 시안 어빈(Sian Irvine)과 닉 헤이스(Nick Hayes)에게도 끝까지 인내심을 가지고 케이크 하나하나마다 완벽한 사진을 찍어 주셔서 감사 인사를 드립니다.

2012년부터 학교 바자회에서 컵케이크를 팔기 시작했었는데, 국제적 컵케이크 쇼 협회에서 기회를 주셔서 진정한 케이크 분야의 한 부분으로 인정받을 수 있었습니다. 이 협회는 가장 먼저 우리를 믿어 주고, 우리의 재능을 세상에 널리 알릴 수 있게 해준 분들입니다. 이에 크렐어 피셔(Clare Fisher), 벤 파들러(Ben Fidler), 데이비드 베넷(David Bennett), 비키 빅튼(Vicki Vinton)과 나머지 분들에게도 감사드립니다. 여러 컵케이크 경연 대회에서 만난 심사위원들에게도 최고의 비평을 통해 우리의 기술을 여러 방면으로 끌어 올릴 수 있었기에 모든 분들께 감사 인사를 드립니다.

친애하는 친구와 QoHCC팀의 멤버 마루인 통가이(Maureen Tungoi)에게도 우리를 항상 도와 주고, 늘 컵케이크를 기대해 주고, 멋진 저녁을 대접해 주셔서 감사를 드립니다. 열정적인 친구들과 전 세계의 페이스북 팔로워들, 그리고 이 페이지에 다 담아낼 수 없지만 지속적인 성원을 주시는 모든 분들에게 감사드립니다.

무엇보다도 필리핀의 가족들에게 큰 영광을 돌리고 싶습니다. 최고의 팬이 되어 주셔서 감사드립니다. 우리를 항상 자랑스럽게 생각하고 계시다고 믿습니다.
그리고 우리는 이 책을 여러분 모두에게 바칩니다.

About The Authors

발레리 발레리아노와 크리스티나 옹은 2008년 필리핀을 떠나 영국 의료계에서 일하기 시작했습니다. 2011년 컵케이크 부케를 만드는 '달콤한 사건'을 계기로 'Queen of Hearts Couture Cakes' 사업을 시작하게 되었습니다. 이후 여러 케이크 대회에서 최고의 상을 타기도 했습니다.

다른 재료를 사용하지 않고 버터크림만 사용하여 먹을 수 있는 예술 작품을 만드는 것으로 유명해졌으며, 여러 유명 잡지와 지역 뉴스뿐 아니라 전 세계적인 뉴스에도 기사화 되었습니다. 그들은 TV 프로그램이나 영국의 주요 케이크 쇼에서, 또한 여러 나라를 돌며 그들의 예술 작품을 시연하기도 했습니다. 영국, 유럽, 아시아, 미국에도 그들의 수업이 있고, 런던의 빅토리아 앤드 알버트(V&A) 박물관에서도 그들의 수업을 배울 수 있습니다.

발레리와 크리스티나는 버터크림 예술에 큰 자부심을 느끼며 이것이 'Queen of Hearts Couture Cakes'를 특별하게 만드는 요소입니다. 올드한 느낌의 버터크림 장식을 현대적으로 재해석한 것이 그들의 작품에 반영되어 그들의 케이크 디자인은 우아하며 전통적이고 또한 세련된 느낌을 가진 것이 특징입니다.

더 많은 정보는 아래 사이트를 참고하세요.

www.queenofheatscouturecakes.com
www.facebook.com/QueenofheartsCupcakesAndMore

Photo Index

74 — 꽃, 해바라기와 잎

161 — 글씨 쓰기

63 — 나뭇잎 텍스처

61 — 도트

69 — 라인, 지그재그

49 — 러플 장식, 구불구불

59
별 깍지 짜기

140
브러쉬 자수 패턴

114
블렌딩

116
블렌딩, 그라데이션 & 꽃

66
쉘 파이핑과 플뢰르-드-리스

56
스크롤, E와 C

Buttercream Bible

Sugarflair사와 Wilton사의 색상변환표 * 역자주

영국 Sugarflair사의 색상은 한국에서 구하기 어려우므로 대신 구할 수 있는 미국의 Wilton사의 색상으로 만들 수 있게 색상표를 정리해 두었습니다.
버터크림 색상을 만들 때 참고하길 바랍니다.

Sugarflair	Wilton
Ruby Red	Red 많이
Pink	Rose 소량
Claret	Burgundy
Peach	Red 약간
Bitter Lemon	Moss green + lemon yellow 각 소량씩
Melon	Lemon yellow
Ezyptian Orange	Golden yellow 많이
Tangerine	Lemon yellow + red
Grape Violet	Violet
Grape Vine	Violet + black 소량
Lilac	Violet
Autumn Leaf	Golden yellow + Brown 약간
Caramel	Golden yellow + Brown 각 소량씩
Mocha	Brown
Dark Brown	Brown + Black
Foliage Green	Kelly green
Gooseberry	Moss green
Eucalyptus	Sky blue + Kelly green 각 소량씩
Spruce Green	Kelly Green
Baby Blue	Sky blue
Turquorise	Royal blue + Kelly green 약간
Liquorice	Black

Index

B

Back and Forth Ruffles 45

Basketweave nozzle 156

C

Cake comb 32

Cake Scraper 29

Chrysanthemum nozzle 156

Coverage 17

c-스크롤 56

E

e-스크롤 56

F

Fork 32

I

Impressions mats or Texture mats 32

N

Non-woven cloth 30

P

Palette knife 32

Pastry bag 23

S

Simple round nozzle 156

Small star nozzle 156

Squiggly Ruffles 49

T

Thinning 113

U

Up and down two tone ruffles 47

W

Writing nozzle 156

ㄱ

고리모양 크로셰 153

곡선 표면 128

공간을 채우는 역할의 꽃 장식 102

구불구불한 주름 장식 49

국화 92

국화 깍지 23, 156

그라데이션 블렌딩 116

그물망 모양의 레이스 147

글씨 깍지 22, 156

기본 버터크림 레시피 14

깍지의 효과 156

꽃잎 깍지 22

ㄴ

나뭇잎 깍지 22

나뭇잎 짜기 63

ㄷ

다양한 모양의 글씨체 156

다알 35

데이지 90

동그란 모양의 깍지 156

동백꽃 79

둥근 깍지와 팔레트 나이프 112

뜨개질 모양 크로셰 149

ㄹ

라이프 페이퍼 169

라일락 88

러플 44

ㅁ

마블링 120

맛 첨가하기 18

모양을 짠 버터크림의 일부가 옮겨지지 않을 때 133

모양을 짠 버터크림이 부러졌을 때 132

모인 별 깍지 23, 41

ㅂ

바구니 깍지 23, 156

백 앤 포스 러플 45

별 모양 깍지 156

부직포 30

부케 103

불규칙 모양의 레이스 144

불안정한 크림 17

브러쉬 자수 패턴 140

ㅅ

색 섞기 25

색을 섞을 때의 규칙 25

쇼트닝 15

수국 81

수선화 94

수직선(Vertical strokes) 112
수평/웨이브(Horizontal/Wavy strokes) 112
스무딩 29
스월 40
스위트피 86
스퀴글리 러플 49
스탬프 기법 136
스텐실 134, 160
스티로폼 공으로 만드는 방법 104
스프링클 171
식물성 지방 15
식용 종이 168
심플한 원형 깍지 41
씨닝 113

ㅇ

아이싱 시트 169
안전하게 꽃 붙이기 101
안정적인 크림 17
앞, 뒤로 러플짜기 45
업 앤 다운 투톤 러플 47
에어브러시 49
엠보싱 160
열린 별 깍지 23, 41
원하는 각도로 꽃 올리기 101
이미지를 뒤집어 프린트 하는 것을 잊어버렸을 때 133
임프레션 매트 32
잎 77

ㅈ

장미 96
장미를 먼저 짠 후 케이크에 장식하기 97
장미 봉오리 99
장식하기 전에(Before you decorate) 31

전통적인 바구니 짜기 53
짤주머니 26
짤주머니와 깍지 용어 정리 23

ㅊ

첨가 재료 18

ㅋ

카네이션 84
커버 17
커플러 사용하기 26
컵으로 만드는 방법 106
컵케이크 레시피 38
케이크 받침대 33
케이크 스크래퍼 29
케이크 옆면에 꽃을 장식할 때 102
케이크의 모서리를 날카롭게 처리하기 31
케이크 콤 32
케이크 표면에 무늬 주기 32
케이크 표면을 매끄럽게 처리하기 29
크럼 28
크럼 코팅 28
크로셰 149
큰 원형 깍지 22

ㅌ

텍스처 32
투톤 효과 84

ㅍ

파이핑 깍지 23
파이핑 꽃 장식하기 100
파이핑 팁 22
팔레트 나이프 29, 32, 113
팔레트 나이프 플라워 118
페이스트리 백 23
페이팅 스트로크 112

편평한 표면 124
포크 32
프렌치 깍지 23, 41
플라워 네일 97
픽 파이핑 39

ㅎ

해바라기 꽃 75
회오리 모양의 파이핑 40